Le THAUMATURGE du XVIIIe SIÈCLE

OU

LA VIE, LES VERTUS ET LES MIRACLES

DU BIENHEUREUX

GÉRARD MAJELLA,

Frère Servant de la Congrégation du T.-St-Rédempteur,

par le Père SAINT-OMER, Rédemptoriste à Liége.

TROISIÈME ÉDITION.

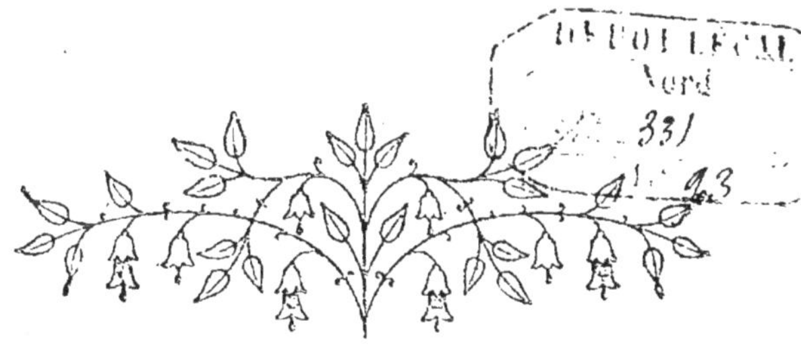

Société de Saint-Augustin,

DESCLÉE, DE BROUWER et Cie

1893.

LE THAUMATURGE
DU XVIIIᵉ SIÈCLE.

Proprietas C. SS. R.

Le Bienheureux Gérard Majella,

FRÈRE SERVANT DE LA CONGRÉGATION
DU T.-S. RÉDEMPTEUR.

LE THAUMATURGE DU XVIIIᵉ SIÈCLE

OU

LA VIE, LES VERTUS ET LES MIRACLES

DU BIENHEUREUX

GÉRARD MAJELLA,

Frère Servant de la Congrégation du T.-St-Rédempteur,

par le Père **SAINT-OMER**, Rédemptoriste à Liége.

TROISIÈME ÉDITION.

Société de Saint-Augustin,

DESCLÉE, DE BROUWER et Cⁱᵉ

1893.

PROTESTATION.

Pour obéir aux décrets d'Urbain VIII, nous déclarons que, sauf l'approbation de l'Église, nous entendons n'attribuer qu'une valeur purement humaine aux termes de miracles, révélations, prophéties, etc., donnés par nous à certains faits, ainsi qu'aux titres de saint ou de bienheureux appliqués à des personnages dont le culte n'est pas encore reconnu.

I. Le saint enfant.

A vie que nous écrivons ([1]), n'est qu'un enchaînement de merveilles. En la lisant, le lecteur se rappellera l'acte de foi qu'il fait chaque jour : « Je crois en Dieu le Père tout-puissant ; » et ces paroles de l'Évangile : « Rien n'est impossible à Dieu ; » (Luc., I, 37) et cette promesse de JÉSUS-CHRIST : « Celui qui croit en moi, fera les merveilles que je fais, et il en fera même de plus grandes. » (Joan., XIV, 12.) Car l'Esprit-Saint l'atteste : « Dieu est admirable dans ses saints.» (Ps., LXVII, 36.)

L'enfant béni dont nous allons retracer les vertus, naquit en avril 1726, à Muro, petite ville située à vingt lieues au sud de Naples. Son père, tailleur de profession, se nommait Dominique Majella, et sa mère, Benoîte Galella : tous deux recommandables par leur vie foncièrement chrétienne. Le nouveau-né reçut au baptême le nom de Gérard. Il manifesta dès le

---

1. La présente biographie n'est qu'un abrégé d'un ouvrage plus étendu, imprimé, il y a peu d'années, chez Casterman à Tournai, et intitulé : *Vie du vénérable Gérard-Marie Majella, Frère servant de la Congrégation du Très-Saint-Rédempteur, par un Père Rédemptoriste.*— Notre première édition, bien que considérable, ayant été enlevée en peu de jours, grâce au zèle et à la bienveillance de nos Pères, nous nous sommes mis immédiatement à l'œuvre pour la rééditer. Cette édition nouvelle aura cet immense avantage d'avoir été revue, corrigée, et augmentée, d'après la belle édition italienne, parue à l'occasion de la béatification du grand serviteur de Dieu : *Vita del Beato Gerardo Majella... Roma. Tipografia Vaticana, 1893.*

Nous n'avons nullement la prétention de faire un ouvrage d'érudition. Nos confrères, dans les deux biographies précitées, l'ont fait, et nous renvoyons volontiers à leur précieux travail tout lecteur qui désire des détails et des indications de sources qu'une histoire abrégée ne comporte pas. Notre but, à nous, est d'offrir au peuple un ouvrage peu coûteux, désireux que nous sommes de voir la vie du Frère Gérard pénétrer dans les chaumières et aller réjouir et édifier l'enfant du peuple. Car notre héros n'est qu'un enfant du peuple, un apprenti, un serviteur, un artisan, un humble frère lai, transformé en saint par la grâce. Si l'on met de côté les dons surnaturels purement gratuits que Dieu dispense à qui il lui plaît, ce que Gérard est devenu, tout enfant du peuple peut le devenir comme lui, par la pratique des vertus, par la souffrance, et par la conformité à la volonté de Dieu.

berceau à quelle haute sainteté Dieu le destinait ; car jamais il ne pleurait, jamais il ne réclamait la nourriture par ses cris, comme font les autres enfants ; il refusait même à certains jours le lait maternel : présage de cette sévère abstinence qu'il garda toute sa vie. Benoîte en était émerveillée et lui disait avec tendresse : « Cher enfant, sois béni. » Dès ses plus tendres années, prévenu de la grâce, il ne rechercha d'autres amusements que les petites pratiques de dévotion propres à l'enfance. Brigitte et Anne-Élisabeth, ses deux sœurs, ont attesté que l'unique attrait de Gérard enfant était de dresser de petits autels et d'imiter les cérémonies du culte. Il disposait sur une table quelques images de saints, celle de saint Michel en particulier ; il passait et repassait devant elles, en faisant diverses inclinations ; puis, après s'être mis à genoux, il récitait des prières en se frappant la poitrine, ou chantait les pieux cantiques qu'il avait entendus à l'église. Cette piété naissante étonnait et ravissait tous ceux qui en étaient témoins.

La vie de Gérard nous offre la preuve de cette vérité, que Dieu trouve ses délices parmi les enfants des hommes et qu'il se plaît à converser avec eux. A peu de distance de Muro, se trouve la chapelle de Capotignano, où l'on vénère une statue de la Vierge Marie tenant l'Enfant-Jésus dans ses bras. Vers sa sixième année, Gérard, conduit sans doute par une main céleste, se rendit à ce sanctuaire, et à peine y fut-il agenouillé, que le petit Jésus, descendant des bras de sa Mère, vint jouer familièrement avec lui, puis lui donna un petit pain d'une extrême blancheur. L'enfant reporta tout joyeux ce présent à sa mère, et comme celle-ci, surprise, lui demandait : « Qui te l'a donné ? — C'est, répondit-il, l'enfant d'une belle dame avec lequel j'ai joué. » Attiré par les attraits divins de son céleste ami, Gérard courait chaque matin à la chapelle, et chaque fois l'Enfant-Dieu venait jouer avec lui et lui faisait cadeau d'un petit pain blanc. Brigitte, poussée par la curiosité, suivit un jour son petit frère, à son insu, et fut témoin du prodige. En mère prudente, Benoîte fit de même et vit la même chose.

A l'exemple de son Fils, la très sainte Vierge voulut, elle aussi, offrir à Gérard le pain miraculeux. L'enfant lui-même nous a révélé ce secret. Étant un jour allé avec sa mère dans la chapelle, il lui dit en désignant la statue de la sainte Vierge : « Maman, voici la Dame qui m'a donné plusieurs fois du pain, et voilà l'enfant avec lequel j'ai joué. » Plus tard, quand il était rédemptoriste, sa sœur Brigitte étant venue le voir, il lui dit avec sa naïveté ordinaire : « Je sais maintenant que c'était l'Enfant-JÉSUS qui me donnait les petits pains blancs. — Eh bien, repartit sa sœur en souriant, venez revoir cet enfant. — A présent, reprit Gérard, je le trouve partout quand je veux. »

Ce ne fut pas le seul fait merveilleux de l'enfance du Bienheureux. Un jour qu'il simulait une procession avec des enfants de son âge, il attacha à un arbre une petite croix qu'il avait faite, et invita ses jeunes amis à la vénérer. Mais bientôt, ô prodige ! l'arbre devint tout étincelant de lumière, à la grande stupéfaction des habitants de Muro ; et le petit JÉSUS, descendant de l'arbre, vint encore offrir à Gérard le petit pain blanc habituel.

Vers l'âge de huit ans, le favori de JÉSUS était déjà affamé du pain eucharistique. Un jour qu'il assistait à la messe, il alla se placer avec les fidèles à la Table sainte pour recevoir la communion. Le célébrant, le voyant si jeune, passa outre. L'enfant se retira en pleurant. Mais la nuit suivante, l'archange saint Michel vint le consoler, en lui apportant le pain des anges. Telle est la raison pour laquelle le serviteur de Dieu conserva toute sa vie une dévotion si tendre envers le saint archange.

Au reste, ce n'est pas la seule fois, semble-t-il, que le fils de Benoîte eut le bonheur de communier miraculeusement. Un prêtre le trouvant un jour à genoux tout près de l'autel, lui demanda ce qu'il faisait là : « Un petit enfant, lui répondit Gérard, est sorti du tabernacle et m'a donné la sainte communion. »

Cette faveur, si rare dans la vie des saints même les plus privilégiés, Gérard la mérita sans doute par son héroïque tempérance. Qui le croirait ? Cet enfant si tendre prenait à peine ce qu'il faut pour vivre. Souvent Benoîte, tout alarmée, disait à ses amies : « Mon fils ne mange presque pas, et reste parfois des jours entiers sans rien prendre. »

2. Le saint écolier.

ENVOYÉ de bonne heure à l'école de la ville, Gérard apprit en peu de temps à lire, à écrire, à calculer, et même à s'exprimer avec facilité. Il montrait un goût prononcé pour l'étude du catéchisme et de tout ce qui concerne la religion. Pendant la classe, loin de chercher à se dissiper avec les autres enfants, il se tenait silencieux, immobile et uniquement occupé à apprendre ses leçons. Telles étaient sa docilité et son application, que son maître lui avait voué l'affection la plus tendre, et l'appelait ses délices. Dès que la classe était terminée, le petit Gérard retournait directement à la maison paternelle, évitant avec le plus grand soin la compagnie des écoliers volages et peu réservés dans leurs discours.

Mais c'est surtout dans le lieu saint que le pieux enfant de Muro était admirable. Il s'y tenait dans un maintien si recueilli, qu'on l'eût pris pour un ange. Tous les offices de l'Église avaient pour lui un attrait merveilleux. Pendant le saint sacrifice de la messe, il manifestait une dévotion extraordinaire pour un enfant de son âge. Il était alors uniquement attentif au grand mystère qui se passait sur l'autel. Au moment de la consécration, il s'inclinait profondément jusqu'à terre. Cette angélique piété, si ravissante pour les témoins, toucha le cœur de Dieu, et fut récompensée par l'apparition de l'Enfant JÉSUS. Souvent, pendant le saint sacrifice, Gérard voyait sur l'autel l'Enfant-Dieu sous une forme visible. Il en avait le cœur inondé de joie, mais lorsqu'il le voyait disparaître à la communion du prêtre, il en avait le cœur brisé et fondait en larmes.

Déjà alors il éprouvait un attrait surnaturel pour le lieu saint, et y goûtait un paradis de délices. De même que l'enfant n'est heureux qu'auprès de sa mère, ainsi le saint écolier ne trouvait de bonheur qu'au pied des tabernacles. Aussi, lorsque le soir la cloche invitait le peuple à la visite au Saint-Sacrement, il se rendait en hâte à l'église, entraînant avec lui ses jeunes condisciples : « Allons, leur disait-il, allons visiter JÉSUS-CHRIST, qui s'est fait prisonnier pour nous. »

A ce tendre amour pour Notre-Seigneur, le jeune Majella joignait la dévotion la plus filiale envers la Reine du ciel. Il récitait chaque jour le chapelet, et même il jeûnait et s'imposait diverses pénitences en son honneur, surtout à l'approche de ses fêtes. Aussi Marie le traitait déjà en enfant privilégié. Un jour, entre autres, qu'un pèlerinage se rendait de Muro à Caposèle, Gérard en fit partie. Mais à peine le petit pèlerin se fut-il agenouillé devant le tableau miraculeux de la Mère de Dieu, qu'il fut ravi en extase, comme si Marie s'était montrée à lui.

Malgré son jeune âge, il était déjà favorisé du don des miracles. On lui avait confié la garde d'un agneau. Or, il arriva que des voleurs l'enlevèrent et le tuèrent. L'enfant voyant que cette perte affligeait beaucoup ses parents, parce que l'animal ne leur appartenait pas, leur dit : « Rassurez-vous, l'agneau reviendra. » Il se mit aussitôt en prière, et bientôt, par une merveille de la bonté divine, le petit animal fut restitué à son légitime possesseur.

Vers sa dixième année, le saint enfant fit sa première communion avec une ferveur séraphique qui émut tous les assistants. L'Eucharistie devint dès lors l'aliment de son âme et l'aimant de son cœur. Aussi son confesseur ne tarda pas à lui accorder la faveur de communier tous les deux jours.

Cet ange de la terre comprit bientôt qu'il ne pouvait participer à la gloire de JÉSUS sans participer auparavant à sa douloureuse Passion. Il s'éprit donc de la sainte folie de la croix, et s'imposa une cruelle flagellation comme prix de chacune des communions qu'il faisait. Dieu lui-même le fit marcher dans la voie du calvaire.

3. Le saint apprenti.

VERS cette époque, Gérard perdit son père. Ce malheur obligea sa mère à le placer en apprentissage chez un tailleur nommé Pannuto. Le jeune apprenti se livra tout entier au travail, mais il mit plus de soin encore à correspondre fidèlement à la grâce, et à suivre son attrait pour l'oraison. L'Esprit-Saint agissant sur son âme, on le voyait parfois ravi hors de lui-même, et alors, pour épancher plus librement son cœur devant Dieu, il se cachait sous la table de travail. Son maître, qui l'aimait, n'avait garde de l'en reprendre. Mais il n'en fut pas de même du contre-maître, qui voyait cette piété de mauvais œil. Un jour, il arracha Gérard du lieu où il priait, et se mit à l'accabler de coups : « Frappez, frappez, lui dit le saint apprenti, vous avez raison de le faire. » Une autre fois, ce méchant homme lui donna des coups si violents, que Gérard tomba évanoui par terre. Pannuto survint à ce moment, et, tout indigné, il demanda l'explication du fait. L'ouvrier montrant sa victime : « Qu'il réponde, lui, il le sait bien. — Je suis tombé de la table, » répondit charitablement l'adolescent. Dans une autre circonstance, cet homme cruel lui donna un rude soufflet. Gérard ne répondit à cette brutalité que par un sourire tranquille. « Quoi! tu ris, » s'écrie le barbare en colère, et saisissant un instrument de fer, il se met à l'en frapper sans pitié. Le tendre martyr, se jetant à ses pieds, lui dit d'un ton plein de douceur : « Je vous pardonne volontiers pour l'amour de JÉSUS-CHRIST. » Un matin, Gérard arriva après l'heure, ce qui donna prétexte à ce forcené de le battre avec fureur. Un doux sourire fut toute la réponse de l'enfant. « Quoi! tu ris, » s'écrie cet homme exaspéré; « dis-moi pourquoi tu ris. — C'est parce que la main de Dieu m'a frappé, » répondit l'ange de patience.

Gérard ne se plaignit jamais à son maître des mauvais traitements qu'il recevait dans sa maison. Pannuto en était dans l'admiration. Un jour il suivit à son insu le saint jeune homme qui se rendait à l'église, et il le vit, après une longue prière, traîner la langue sur le pavé jusqu'au pied de l'autel, et là entrer en extase. Dès lors, il le vénéra comme un saint, et congédia son persécuteur.

Le trait suivant est une nouvelle preuve de la patience du jeune tailleur. Un jour qu'il passait par un chemin solitaire, le bruit de ses pas fit envoler un oiseau au moment même où un chasseur se préparait à tirer. Celui-ci, furieux, s'élance sur lui et lui donne un soufflet. Fidèle à la recommandation du divin Maître, Gérard présente l'autre joue. Mais l'homme en colère ne voit dans cet acte qu'une insulte, et redouble ses mauvais traitements. Survient heureusement le fils de Pannuto qui intercède pour l'innocent. Le chasseur s'apaise, et passant subitement de la colère à l'admiration, il s'en va lui-même publier partout la vertu du jeune apprenti.

A l'époque où les raisins mûrissent, Pannuto pria Gérard de s'adjoindre à son fils, pendant une nuit, pour garder sa vigne contre les maraudeurs. Le serviteur de Dieu voulant méditer la Passion, fabriqua une petite croix, l'entoura de quelques petits cierges et se mit à chanter le *Miserere*. Tout à coup, le feu prend à la hutte de paille qui les abritait : « Qu'avez-vous fait ! » s'écrie avec frayeur le fils de Pannuto. — Ce n'est rien, » répond Gérard avec calme, et faisant un signe de croix, il éteint instantanément l'incendie.

La tradition rapporte un autre miracle opéré par le bienheureux, lorsqu'il était chez Pannuto. Celui-ci venait d'achever un habit pour quelqu'un ; mais lorsqu'on en fit l'essai, on reconnut qu'on s'était trompé dans la coupe. L'habit était trop court. Voyant l'embarras où se trouvaient le patron et son client : « Laissez-moi faire, dit Gérard, ce n'est rien. » Et prenant l'habit en main, il le tire et le remet aussitôt, élargi, allongé, parfaitement adapté à la mesure.

Mais le jeune amant du divin Crucifié sentait qu'il n'était pas fait pour le monde. Un attrait divin et impérieux l'attirait vers la vie religieuse. Il alla donc se présenter au couvent des Capucins de San-Menna, où il avait un oncle, savant distingué, nommé le Père Bonaventure de Muro. Or, on le refusa à cause de sa chétive santé. En le congédiant, son oncle, le voyant si pauvrement vêtu, lui fit remettre un vêtement neuf. En sortant du couvent, Gérard rencontra un pauvre couvert de haillons, et lui donna l'habit neuf qu'il venait de recevoir. Son oncle lui en fit des reproches, mais le saint jeune homme répondit : « Je l'ai donné à quelqu'un qui en avait plus besoin que moi. »

4. Le saint domestique.

EN attendant l'heure de Dieu pour entrer en religion, Gérard, alors âgé de seize ans, s'engagea comme serviteur chez Mgr Albini, évêque de Lacédogna. C'était un homme de mérite, sans doute, mais d'un caractère tellement bouillant et impatient que personne ne voulait s'attacher à son service. Gérard l'ayant appris, se crut invité aux noces. Plaintes, gronderies, humiliations, travaux excessifs, l'humble fils de Benoîte était de trempe à supporter tout cela. Le silence respectueux qu'il gardait pendant et après les plus injustes corrections, la manière de les recevoir les yeux baissés et le visage serein, sa gaîté toujours douce et aimable, son obéissance au moindre signe, son amour du travail, tout dénotait déjà en lui la vertu héroïque d'un saint.

Là, malgré ses labeurs, Gérard n'en continuait pas moins ses mortifications étonnantes. Un jour, le médecin, voyant la pâleur de ses traits, lui demanda s'il n'était pas malade. « Je suis bien, » répondit Gérard en souriant. Le médecin, incrédule, lui palpa la poitrine, et s'aperçut qu'il portait un rude cilice.

Affable envers tous, bon pour les pauvres, tendre pour les malades, ce saint jeune homme n'avait qu'un ennemi : c'était lui-même. Il ne s'accordait qu'un peu de pain pour nourriture, rarement quelque légume, réservant pour les pauvres et les malades tout ce qu'on laissait à sa disposition à la cuisine.

Quand il passait en ville, tout le monde était frappé de sa modestie. « Le petit Gérard, disait-on, n'est pas un homme, c'est un ange ; c'est un saint. » Mais ce qui édifiait surtout les fidèles, c'était son recueillement et sa piété en présence du Saint-Sacrement. Lorsque ses occupations ne l'appelaient pas ailleurs, on était sûr de le trouver à la cathédrale, faisant sa cour au Roi des rois. A la vue d'un exemple si édifiant, un grand nombre d'âmes prirent la résolution de visiter chaque jour le Sauveur dans son sacrement d'amour.

Dieu qui aime les cœurs simples et purs, se plaisait à exaucer les moindres désirs de cet ange terrestre. Un jour, Gérard laissa tomber par mégarde, dans un puits, la clef de la chambre de Mgr. Grande fut sa peine, prévoyant le trouble que cet accident occasionnerait au prélat. Dans cette perplexité, il se met en prière. Soudain, plein de confiance, il court chercher une statue de l'Enfant-JÉSUS, et la descend dans le puits, en disant : « C'est à vous, Seigneur, de me rendre la clef, afin que Mgr ne soit pas en peine. » O prodige ! à la vue d'une foule de spectateurs, Gérard remonte l'Enfant-JÉSUS tenant en main la clef perdue. Ce puits s'appelle depuis lors « le puits du petit Gérard ».

Il y avait trois ans que le Bienheureux était entré au service de l'évêque, lorsque celui-ci mourut. C'était en 1744. Il pleura son maître : « Hélas ! j'ai perdu mon meilleur ami, » disait-il. Tant il était avide de souffrir !

5. Le saint artisan.

APRÈS la mort de son maître, Gérard revint à Muro, résolu, pour le moment, à vivre de son métier de tailleur. Mais comme il ne l'avait plus exercé depuis trois ans, il se remit en apprentissage chez un homme de bien, nommé Vitus Mennona, dont il embauma la maison par le parfum de ses vertus. Aussi Vitus lui voua-t-il une estime qui ne se démentit jamais. Il aimait à raconter le prodige suivant. Un jour, une femme de sa maison devant aller laver du linge à une fontaine éloignée d'un mille de la ville, Gérard dut l'accompagner. Survint une pluie diluvienne qui les obligea de chercher un refuge dans une cabane voisine. Comme il se faisait tard et que la pluie ne paraissait pas devoir cesser de sitôt, la pauvre femme se lamentait en disant : « Comment ferons-nous pour retourner à la maison ? » En entendant ces mots, Gérard, rempli de confiance en Dieu, sort de la chaumière, lève les yeux au ciel et s'écrie : « Seigneur, comment ferons-nous ? » A peine a-t-il dit ces mots, que la pluie cesse, et un temps serein leur permet de regagner le logis.

Ce nouvel apprentissage terminé, Gérard se fixa dans la maison paternelle. Le travail ne lui manqua pas, attiré que l'on était par sa parfaite probité. Du consentement de sa mère, il divisait son salaire en trois parts, une pour la famille, une pour les pauvres, une pour les âmes du purgatoire. Benoîte se plaignait parfois des libéralités de son fils : « Ne craignez pas, ma mère, disait-il alors, Dieu pourvoira à tous nos besoins. »

Il aimait surtout à travailler pour les pauvres, et un jour Dieu voulut lui montrer combien il agréait cette charité. Un indigent avait fourni une quantité d'étoffe qui était loin de suffire pour confectionner un vêtement. Or, cette étoffe se multiplia tellement entre les mains du serviteur de Dieu que, le vêtement achevé, il s'en trouva de reste. Ce surplus miraculeux fut remis consciencieusement au pauvre.

Il faisait souvent célébrer des messes pour les âmes du purgatoire : « Ce sont des pauvres aussi, disait-il ; elles réclament instamment notre secours. » Lorsque le travail venait à manquer, il en était navré de douleur, se contentant alors de pain sec, afin de pouvoir toujours assister les pauvres du bon Dieu et ses chères âmes du purgatoire.

D'ailleurs, ce que Gérard donnait, il se l'ôtait à lui-même, car il eut toujours fort à cœur la mortification, notamment celle du goût. Il mangeait si peu, que son existence semblait un miracle. Quand on l'engageait à manger, il répondait : « Je n'ai pas faim. » Sa mère lui demanda un jour quel usage il faisait de certaines racines qu'il portait toujours en poche : « Elles servent, répondit-il, à chasser l'appétit. » La pauvre femme versait des larmes amères en voyant les austérités de son fils, mais ses amies la consolaient en lui disant que c'était un enfant du paradis.

A l'âge de vingt ans, Gérard se retira, pendant l'espace d'un mois environ, à San-Félé, bourg peu éloigné de Muro. Il y avait été appelé par un de ses compatriotes qui venait d'y ouvrir un cours d'instruction supérieure. Cet homme, du nom de Malpiédi, avait besoin, pour quelque temps, d'un tailleur qui pût mettre en ordre les vêtements des élèves qu'il avait pris en pension chez lui. Tout ce que le Bienheureux eut à souffrir dans cette maison, est impossible à décrire. Les élèves, d'une malice précoce, s'ingénièrent à le tourmenter, non seulement par des injures, mais encore par des coups brutalement multipliés. Au milieu des traitements les plus inhumains souvent très prolongés, le bon jeune homme se contentait de proférer cette seule parole : « Cessez maintenant » ; ou bien ces mots : « O Dieu! » ou bien encore : « Que vous ai-je fait ? » Qui le croirait ? Malpiédi lui-même, voulant sans doute constater jusqu'où irait la patience de cet humble artisan, se permit plusieurs fois de lui faire subir le supplice du fouet; mais la douleur n'arracha jamais une plainte à cette âme trempée pour le martyre.

6. Le séraphin de Muro.

L'AMOUR rend semblables ceux qui s'aiment. Vivement touché de voir JÉSUS-CHRIST traité d'insensé dans sa Passion, notre saint jeune homme résolut de simuler la folie. Cette sainte folie d'amour divin lui coûta cher. Les enfants le poursuivaient dans les rues de Muro, s'égayant à ses dépens, lui disant mille injures, lui jetant de la boue à la face, l'accablant de coups. Certains jeunes gens allèrent même jusqu'à le lier avec des cordes, le traînant en cet état sur les pierres du chemin, et le donnant ainsi en spectacle de risée à la populace. Il souffrait tous ces mauvais traitements, non comme un insensé, mais comme un saint, le visage souriant et radieux, en disant : « Tout cela est peu de chose pour l'amour de JÉSUS-CHRIST, qui est devenu comme fou d'amour pour moi. » Ce fut alors que le Seigneur lui mit sur les lèvres ces paroles prophétiques : « Vous me méprisez aujourd'hui, mais viendra un temps où vous tiendrez à honneur de venir me baiser la main. »

Dans son excès d'amour pour JÉSUS souffrant, Gérard voulut, comme lui, subir le supplice de la flagellation. « Bien des fois, rapporte Félix Farenga, ami et confident du Bienheureux, bien des fois je dus l'attacher à un poteau et le battre sur les épaules découvertes avec des cordes mouillées. Il souffrait tout cela avec allégresse, et lorsque je témoignais de la répugnance à le frapper plus longtemps, il me suppliait avec instance de continuer, si bien qu'à la fin son corps n'était plus qu'une plaie et que le sang ruisselait de tous côtés. »

Le jeune amant de la croix usa encore d'un autre expédient pour se crucifier. Il se faisait suspendre à une poutre, la tête en bas, ordonnant de brûler pardessous de vieux linges, dont la fumée lui torturait les yeux et la gorge : « C'est ainsi que nous devons souffrir, disait-il, pour plaire à Celui qui a tant souffert pour nous. »

Il paraît que ce tourment de la fumée avait pour lui un attrait spécial. Un jour qu'il se trouvait dans la maison de Stella, il alla se placer sous le manteau de la cheminée, au moment où une fumée épaisse se dégageait du foyer : « Gérard, que faites-vous là ? » lui dit-on. « La fumée va bien aux beaux yeux, » répondit-il gaîment.

C'est l'usage, en Italie, de représenter les scènes de la Passion. On avait donc organisé un de ces pieux spectacles dans la cathédrale de Muro. Mais il fallait quelqu'un pour représenter JÉSUS crucifié. Gérard obtint cette faveur. A l'heure fixée, on ouvre la cathédrale, et l'on voit tout à coup Gérard en croix, les bras étendus, et comme en agonie. A cette vue, le peuple fond en larmes, et Benoîte, qui ne s'attendait aucunement à voir là son fils, pousse un cri de douleur, et tombe évanouie.

Si Gérard fut épris de la sublime folie de la croix, il ne le fut pas moins de celle de l'Eucharistie. Comme il ne pouvait, pendant le jour, satisfaire pleinement son cœur, obligé qu'il était de travailler pour pourvoir à sa subsistance, il se dédommageait pendant la nuit. Le sacristain de la cathédrale, qui était son parent, lui cédait facilement les clefs du lieu saint ; et là, Gérard, séraphin d'amour, faisait ses délices de passer des nuits entières en adoration au pied du saint tabernacle.

Le cœur du bon Maître, ravi de la touchante simplicité et des saintes folies du pieux jeune homme, daigna un jour l'appeler : « Petit fou. » Mais Gérard lui répondit : « Vous êtes bien plus fou que moi, ô mon JÉSUS, vous qui demeurez ici emprisonné pour moi. » Une autre fois, la voix divine se fit entendre de nouveau : « Petit fou, » disait-elle, « petit fou, que fais-tu ? » — « O mon Dieu, répondit Gérard, pourquoi m'appelez-vous ainsi ? N'est-ce pas vous-même qui m'avez appris ces folies ? » Il eût désiré embraser l'univers des brûlantes ardeurs dont son cœur était consumé pour le Saint-Sacrement. Que de fois sa mère, ses sœurs et ses amis n'entendirent-ils pas sortir de sa bouche ces paroles : « Allons, allons visiter JÉSUS, notre prisonnier d'amour. »

Cette piété exaspérait l'enfer. Un matin, au moment où Gérard entrait à la cathédrale, le démon se jeta sur lui sous la forme d'un horrible chien, aboyant avec rage, et faisant mine de vouloir le dévorer. Mais le bienheureux fit le signe de la croix, et à l'instant le monstre s'évanouit. Une nuit, le démon fit tomber sur Gérard une statue qui le blessa au bras, et puis se mit à le poursuivre dans l'église, comme si elle eût été vivante. Fort de sa confiance en JÉSUS, le saint jeune homme continua à prier, et sa prière chassa l'ennemi.

Il avait pour la Reine du ciel une dévotion incomparable. Quand il se trouvait devant quelqu'une de ses images, il ne pouvait s'en détacher. Il aimait à répéter : « La Madone a ravi mon cœur, et je lui en ai fait présent. » Il lui suffisait de penser à elle ou d'entendre prononcer son nom pour éprouver des tressaillements d'amour. On célébrait à Muro une neuvaine en l'honneur de l'Immaculée-Conception. Gérard, qui se faisait une fête d'assister à tous les offices, se tenait depuis longtemps à genoux. Tout à coup, en présence de la foule, il se lève, le visage enflammé, s'avance vers la statue de Marie, et lui met un anneau au doigt en disant à haute voix : « Me voici fiancé à la Madone. » Il voulait, par là, signifier la consécration qu'il faisait de sa virginité à la Vierge des vierges, ou, pour me servir de ses propres expressions, les fiançailles de sa virginité avec celle de Marie. Aussi, quand on lui parlait de mariage en plaisantant, il répondait avec un saint enthousiasme : « Je suis à la Madone. » Il fut si fidèle à ses engagements envers l'auguste Vierge, qu'il conserva sans souillure le lis de la chasteté et la robe de l'innocence baptismale. Ses directeurs étaient unanimes à l'appeler un ange de pureté.

Ce fut vers cette époque que Gérard consola une mère en guérissant, par un signe de croix, son enfant qui était tombé dans l'eau bouillante et qui excitait la pitié par ses cris déchirants.

Une autre fois, passant devant une maison en construction, il s'aperçoit que les maçons étaient dans l'embarras, parce que les poutres n'avaient pas la longueur nécessaire pour atteindre d'une muraille à l'autre. Le serviteur de Dieu leur dit de les tirer avec des cordes ; les maçons obéissent ; et, les poutres s'allongeant aussitôt, acquièrent les dimensions voulues.

Gérard n'était pas pour le monde ; aussi le monde lui était à charge. N'ayant pu obtenir son admission chez les capucins, il forma le projet de se retirer dans la solitude, sur quelque montagne, loin du commerce des hommes. Là, il partagerait son temps entre l'oraison, le travail et la pénitence, se proposant de ne vivre que d'herbes et de racines, comme les anciens Pères du désert. Un jeune homme, plein de ferveur, s'offrait à le suivre. Ce plan de vie eut à peine un commencement d'exécution. L'obéissance contraignit nos fervents jeunes gens d'abandonner leur projet.

Gérard était arrivé à l'âge de vingt-deux ans. Dieu, qui ne voulait pas qu'il fût anachorète, mais frère lai de la congrégation du Très-Saint-Rédempteur, ne manqua pas de lui en ouvrir le chemin. Au mois d'août 1748, le Père Garzilli passa par Muro avec le Frère Onofrio. A peine Gérard les eut-il vus, qu'il se sentit inspiré de s'attacher à eux. On lui fit observer que notre Institut ne lui convenait pas, à cause des rigueurs de la règle, que sa frêle santé ne lui permettrait pas d'observer : « Mais c'est là précisément ce que je cherche, » répondit l'austère jeune homme.

L'année suivante, les Rédemptoristes donnèrent à Muro les saints exercices de la mission, qui réussirent à merveille. Gérard, ravi du zèle et de la sainteté des missionnaires, s'affectionna tellement à eux, qu'il ne savait pas quitter leur maison. Il parla alors de sa vocation au Père Cafaro, supérieur, et le pria de daigner l'admettre dans l'Institut. Le Père, voyant sa maigreur, le jugea impropre aux travaux d'un frère servant, et lui conseilla de renoncer à son dessein. Ce refus ne le découragea pas ; il fit de nouvelles instances, mais en vain. Benoîte, de son côté, n'épargna rien pour conjurer son fils de ne pas la quitter : « Mon fils, lui disait-elle en pleurant et en faisant allusion à la scène de la cathédrale relatée plus haut, mon fils, ne me faites pas ce chagrin, je vous en conjure par cette douleur que vous m'avez causée quand je vous vis sur la croix. » Les sœurs s'unirent à la mère pour traverser le projet de Gérard. Elles allèrent même jusqu'à l'enfermer ; mais le prisonnier, à l'aide des draps de son lit, s'évada par la fenêtre, laissant un billet sur lequel il avait écrit : « Je vais me faire saint, ne pensez plus à moi. »

En quittant la maison paternelle, Gérard courut après les Pères qui se rendaient à la mission de Rionéro, et réitéra sa demande de la manière la plus humble et la plus touchante. Au refus formel qu'on lui faisait encore : « Mais éprouvez-moi d'abord, répétait-il d'un ton suppliant, et puis vous me renverrez. » Voyant qu'on s'obstinait à le congédier, il se jette à genoux versant un torrent de larmes : « Si vous ne me recevez pas, s'écrie-t-il, vous me verrez chaque jour demander l'aumône à la porte du couvent. » Cette admirable fermeté attendrit le Père Cafaro, qui se décida à le recevoir à titre d'essai. Il l'envoya donc à la maison d'Ilicéto, porteur d'une lettre pour le Père qui le remplaçait ; elle commençait par ces mots : « Je vous envoie un frère inutile. »

I. Le saint novice.

E 17 mai 1749, vers le soir, un jeune homme, harassé de fatigue, frappait à la porte du couvent d'Ilicéto. Il était d'une taille assez élancée ; il avait le visage oblong, le front haut et large, les joues creuses, le teint pâle, les os saillants, les yeux modestement baissés, une tenue simple, des manières avenantes. Une joie céleste et un je ne sais quoi d'angélique brillaient dans ses traits. Il avait l'aspect d'un homme habitué à la souffrance et à la contemplation d'un monde supérieur au nôtre. L'énergie paraissait être son caractère dominant.

C'était Gérard.

A peine avait-il été admis dans la Congrégation qu'il s'était mis en route pour Ilicéto, et avait franchi la longueur du chemin en un seul jour, tant il était désireux de se rendre dans la maison du Seigneur. Grand fut son bonheur quand il apprit que le couvent était dédié à une Vierge miraculeuse, honorée sous le titre de Notre-Dame de la Consolation. Il alla aussitôt se jeter au pied de son autel, pour la remercier de sa vocation et protester qu'il voulait vivre et mourir sous sa tutelle maternelle.

Le couvent, bâti dans une solitude, à une demi-lieue de la petite ville d'Ilicéto, fut fondé par le bienheureux Félix de Corsano, de l'ordre des Augustins ; mais il était abandonné depuis longtemps, lorsque saint Alphonse, pressé par les instances de l'évêque de Bovino, et plus encore attiré par la sainte image de Marie, vint y établir ses religieux. C'est dans ce saint ermitage que Gérard, l'humble serviteur du Christ, passera la plus grande partie de sa vie religieuse.

Lorsque le Père Cafaro revint de la mission de Rionéro, il trouva que son candidat était loin d'être un frère inutile, comme il l'avait pensé d'abord. Tous, Pères et Frères, n'avaient qu'une voix pour louer son ardeur au travail, sa piété et ses vertus. On l'admit donc en qualité de postulant. Le bon jeune homme ne cessait de bénir la Mère de Dieu et de baiser les murailles de son sanctuaire ; tant étaient vives la joie et la reconnaissance de son cœur !

Il se mit aussitôt à observer scrupuleusement les règles si paternelles et si sanctifiantes,établies par saint Alphonse pour les frères servants (1). Il se choisit pour directeur le Père Cafaro, religieux d'une éminente sainteté. Cet homme de Dieu ne tarda pas à s'apercevoir que l'Esprit-Saint conduisait son disciple par des voies extraordinaires, et qu'il l'éclairait sur les plus hauts mystères.

Quelques mois après son entrée, Gérard reçut l'habit religieux et commença un premier noviciat de six mois, suivant la coutume de l'Institut relativement aux frères servants. Jamais on ne vit novice plus fervent et qui comprît mieux l'excellence de sa vocation. La note suivante écrite de sa main en est la preuve.

« *Dieu m'a placé dans un paradis de délices.*Sache, ô Gérard, que le Seigneur t'a retiré du monde, et t'a placé, nouvel Adam, dans ce paradis de la Congrégation, afin que tu mettes en pratique les préceptes et les conseils de son évangile, contenus dans les saintes

---

1. Voici, en peu de mots, le Règlement des frères servants :
4 ½ h. lever.
5 h. méditation.
5 ½ h. messes à servir.
11 ¾ examen particulier.
12 h. dîner et récréation.
1 ½ h. visite au Saint-Sacrement et chapelet.
3 h. lecture spirituelle.
3 ½ h. méditation.
6 ½ h. salut et chemin de la croix.
7. h. méditation.
7 ½ h. souper et récréation.
9 h. prières du soir.
Pendant la journée, chacun doit remplir l'emploi qui lui est assigné. Une promenade par semaine est permise aux frères servants. On leur accorde également trois communions par semaine. un jour de retraite chaque mois, et trois jours aux IV temps. Un Préfet spirituel leur est assigné dans chaque maison. Les frères sont traités en tout comme les Pères ; tous sont considérés comme les enfants d'une même famille ; tous partagent la même table; tous jouissent des mêmes privilèges de la vie parfaitement commune ; tous peuvent facilement parvenir à la vie intérieure et à la sainteté, en unissant l'esprit d'oraison à l'amour du travail.

règles. Malheur à toi si tu les transgresses : ton châtiment serait d'être expulsé de l'Institut, (que Dieu t'en préserve !) et par suite tu te damnerais. »

Gérard avait pris la résolution de devenir un saint. Mais la sainteté d'un frère servant ne consiste pas seulement à prier, à méditer, ou à faire d'autres exercices de piété, elle consiste aussi et principalement à travailler. C'est à cette fin que Dieu l'a appelé. Il doit, tout en priant et en dirigeant toutes ses œuvres à la gloire de Dieu, apporter, par un labeur généreux, son concours à l'œuvre du Père céleste, afin que le but de l'Institut puisse être atteint.

Cette vérité fut parfaitement comprise par notre bienheureux. Si la vie qu'il avait menée dans le siècle avait été admirable, celle qu'il mena en religion le fut bien davantage. Tout en travaillant pour quatre, comme l'attestent ses confrères, il sut unir parfaitement la vie contemplative à la vie active. Durant quelque temps on l'employa à la culture du jardin. Cette occupation, si nouvelle pour lui, tailleur de profession, dut lui causer une bien grande fatigue. Malgré cela, il prenait sur lui la tâche imposée aux autres : « Laissez-moi faire, leur disait-il gaîment, laissez-moi faire, je suis le plus jeune, reposez-vous. » Plus viles étaient les occupations, plus chères étaient-elles à son humilité. Tout travail lui allait, celui qui était abject surtout. En un mot, il semblait avoir épousé la fatigue, et il s'affligeait lorsqu'on l'en séparait.

Le fervent novice, déjà modèle d'observance régulière, s'attacha surtout à l'obéissance, qu'il regardait comme l'essence de la vie religieuse. Il voulut pratiquer cette vertu dans toute son étendue et dans toute sa perfection, considérant Dieu même dans ses supérieurs et la volonté de Dieu dans leurs ordres. Sa maxime favorite était : « Faire en tout et toujours la volonté de Dieu. » De là cette parole qu'il se plaisait à répéter : « Volonté de Dieu ! Volonté de Dieu ! Oh ! qu'il est heureux celui qui ne sait vouloir que la volonté de Dieu ! » Cette maxime, qu'il ne perdit jamais de vue, fit de lui le saint de l'obéissance.

Vers la fin de son noviciat, sa vertu fut soumise à une bien rude épreuve. Tous les Pères étant partis

pour la mission de Melfi, on dut laisser le gouverne-
ment de la maison à un jeune religieux hypocondre,
que saint Alphonse ne tarda guère à éloigner de l'Institut. Déraisonnable et capricieux à l'excès, cet homme
avait pris Gérard en aversion. Il ne cessait de le
poursuivre tout le long du jour, lui adressant des reproches sanglants, lui faisant des corrections dures et
imméritées, lui imposant des pénitences sévères, des
jeûnes fréquents au pain et à l'eau, et même lui faisant
tracer avec la langue, sur le pavé, jusqu'à quarante et
même soixante signes de croix. Cette pénible épreuve
dura tout un mois, de sorte que le bon frère finit par
avoir la langue toute déchirée, à tel point qu'il arrosait
le pavé de son sang. Le saint novice souffrit tout cela
avec une patience inaltérable ; pas une plainte ne
sortit de sa bouche, pas une ombre de répugnance
n'altéra la sérénité de son visage. Ses confrères, pleins
d'admiration pour une telle vertu, se disaient : « Ou
ce frère est un fou, ou c'est un grand saint. » Oui,
Gérard était un saint, épris de la sainte folie de la croix.

Vers cette époque, le bienheureux donna aussi une
preuve de sa pureté. Il fut un jour chargé de conduire deux
postulants au noviciat de Ciorani. Comme le trajet ne
pouvait s'effectuer en un jour, il dut loger à l'auberge.
Or, la fille de la maison, charmée sans doute de sa piété,
osa lui faire des propositions de mariage. On devine
quelle fut la réponse de notre angélique frère. Après
avoir répondu comme autrefois : « Je me suis fiancé
et consacré à la très sainte Vierge, » il se hâta de disparaître.

De jardinier Gérard devint sacristain. On peut dire
que nul emploi ne convenait mieux à une âme comme
la sienne, dévorée de zèle pour la maison du Seigneur.
Aussi fut-il un sacristain accompli. Il avait un tel soin
des ornements sacrés, l'église était entretenue dans une
telle propreté, un si bel ordre régnait en tout, que cin-
quante ans après la mort du saint frère, on en parlait
encore avec admiration.

Il obtint un jour la permission de faire faire une
belle custode pour le Saint-Sacrement. Il en confia
l'exécution à un orfèvre qui, après avoir accepté le travail, différait toujours de mettre la main à l'œuvre. Le

bienheureux en souffrait : aussi, après plusieurs récla-mations faites en vain, il lui dit : « Vous ne prenez pas soin de faire la custode, eh bien ! Dieu vous punira. » En effet, l'orfèvre négligent fut tout à coup pris de telles douleurs qu'il crut en mourir. L'avertissement fut efficace : bientôt la custode fut faite et livrée.

Vers la fin de 1751, le Père Cafaro fut transféré d'Ilicéto à Caposèle comme recteur ; mais il n'en continua pas moins de diriger la belle âme de Gérard, « l'une des plus privilégiées, disait-il, qu'il soit possible de rencontrer. Toute sa vie, ajoutait-il, n'a été qu'une merveille continuelle. Notre-Seigneur l'a élevé en toutes choses au-dessus des autres hommes. »

Le Père Fiocchi succéda au Père Cafaro, et il ne fallut pas longtemps à ce religieux éclairé pour deviner quel trésor il possédait dans Gérard. Un recueillement continuel, une obéissance parfaite, une abnégation héroïque, tout proclamait la haute vertu du jeune reli-gieux, tout faisait admirer en lui une copie vivante de JÉSUS-CHRIST. C'est sous le rectorat du Père Fiocchi, que Gérard commença cette longue chaîne de mer-veilles, qui le firent appeler le thaumaturge du XVIIIe siècle.

En présence d'une vertu si rare, les supérieurs écri-virent à saint Alphonse, supérieur général, lui deman-dant d'abréger, en faveur d'un si saint novice, le temps de probation. Vers le milieu de janvier 1752, Gérard commença donc son second noviciat. Ses ardeurs séraphiques redoublèrent pendant ces six mois de so-litude.

Enfin arriva le jour de la profession, le grand jour après lequel notre fervent novice soupirait ardemment. Le 16 juillet 1752, jour où, par une heureuse coïnci-dence, on célébrait dans l'Église la fête de Notre-Dame du Mont-Carmel et celle du très saint Rédempteur, le frère Gérard Majella prononça les vœux de pauvreté, de chasteté et d'obéissance, ainsi que le vœu et le ser-ment de persévérance dans la congrégation du Très-Saint-Rédempteur. Il fut dès lors enchaîné irrévoca-blement au Dieu de son cœur par les liens d'or de la religion. La vive allégresse qu'il en éprouva, est indes-criptible. Ses désirs étaient enfin accomplis. Il était rédemptoriste, il l'était pour jamais. Après avoir rendu mille actions de grâces à la très sainte Vierge, à qui il se reconnaissait redevable de sa sainte vocation, il écrivit à saint Alphonse une lettre pleine de la plus filiale reconnaissance.

2. Le saint rédemptoriste.

MAINTENANT que Gérard est tout à Dieu comme religieux, il va devenir, dans la main du Très-Haut, un instrument de merveilles pour le salut des âmes. La première phase de son existence, qu'on pourrait appeler sa vie cachée, est terminée ; la phase de sa vie publique et apostolique va commencer. Nous allons voir un humble frère lai, sachant tout au plus lire et écrire, et obligé de se produire dans le monde pour subvenir aux nécessités de son couvent ; nous allons le voir, dis-je, devenir par ses vertus et par ses prodiges, un grand missionnaire, un convertisseur d'âmes, un idéal de rédemptoriste. Tant il est vrai que la sainteté est préférable à la science et aux talents !

Le couvent d'Ilicéto avait à subir à cette époque l'épreuve d'une pauvreté inouïe. Les supérieurs se virent donc forcés d'implorer l'assistance des bienfaiteurs. Gérard fut désigné pour cet office. Il avait tout ce qu'il faut pour provoquer la générosité des âmes charitables : un abord affable, une aimable cordialité, des manières honnêtes, surtout une exquise charité et un air de paradis. Tout en lui respirait la vertu, la pénitence et la sainteté.

Amateur de la croix jusqu'à la folie, il résolut de convertir ses voyages en une pénitence continuelle. Selon l'usage du pays, il faisait ses courses à cheval, mais le plus souvent il marchait à pied, offrant volontiers sa monture à son compagnon ou à quelque pauvre qu'il rencontrait. Il était d'une modestie angélique, tenant soigneusement les yeux baissés, et ne parlant jamais seul à seul avec une femme. C'est ainsi qu'il répandit partout la bonne odeur de JÉSUS-CHRIST et les plus doux parfums des vertus.

Disciple du divin Crucifié, il marchait chargé de cilices et de chaînettes. La terre nue lui servait de lit. Ses flagellations étaient fréquentes et allaient jusqu'au sang. Sa vie était un jeûne perpétuel. Le peu qu'il prenait, il l'assaisonnait d'herbes amères. Il cherchait en tout à faire de son corps une victime de pénitence. Image vivante de la pauvreté religieuse, il ne portait qu'une soutane faite de vieux morceaux d'étoffe cousus ensemble, ce qui lui attira plus d'une fois les railleries de la populace.

Doué d'un zèle sans bornes, « cet homme de toute perfection », ainsi qu'on l'appelait, recevait avec une incomparable charité tous ceux qui venaient à lui , il leur recommandait de fuir le péché, de fréquenter les sacrements, et d'être fidèles à leurs devoirs d'état. Il avait reçu de Dieu un talent admirable pour consoler les affligés, pour faire cesser les inimitiés, et pour ramener la paix et la concorde entre les cœurs divisés.

Les heureuses familles qui lui donnaient l'hospitalité, conservaient de lui un souvenir ineffaçable, et· lui vouaient une sorte de culte. Ce qui les touchait le plus, c'était la pénitence et la piété de l'homme de Dieu. Un jour, chez don Salvadore, à Olivéto, on l'observa de près, et l'on remarqua qu'il était tout couvert de cilices, qu'il se flagellait avec une cruauté inouïe, qu'il prenait à peine deux onces de nourriture, et qu'il s'accordait tout au plus deux heures de repos, consacrant à l'oraison le reste de la nuit. Quand il le pouvait, il se retirait dans quelque église, devant le Saint-Sacrement, où il restait de longues heures à genoux, immobile, tenant avec son Bien-Aimé des colloques enflammés, souvent même ravi en extase.

Le don des miracles venant se joindre à une si sainte vie, on conçoit quel prestige l'humble rédemptoriste devait exercer sur les populations du midi. Les foules accouraient à lui partout où il passait. On voulait le voir, l'entendre et lui parler. Ce n'étaient pas seulement le peuple et les personnes simples qui affluaient autour de sa personne, mais les hommes les plus distingués, les nobles, les savants, les prêtres, les religieux, tous voulaient s'entretenir avec lui, les uns pour le consulter, les autres pour s'exciter à la ferveur, d'autres pour lui découvrir le triste état de leur conscience et chercher auprès de lui le courage de faire une bonne confession. Les évêques mêmes recherchaient sa compagnie et ses conseils.

Quand le nouveau thaumaturge devait passer par quelque localité, sa renommée mettait tout le pays en mouvement. Redoutant ces témoignages de vénération, il lui arrivait parfois de prendre des sentiers détournés ; mais on savait déjouer sa pieuse ruse. C'est ce qui lui arriva à Ruvo. Les habitants avaient porté çà et là des sentinelles pour épier son arrivée. Aussi, grande fut sa surprise quand il vit une foule de gens arriver à sa rencontre, lui faire cortège, et l'obliger à entrer triomphalement dans le bourg.

Voici ce qu'écrivait au Père Fiocchi, don Xavier Scoppi, prêtre de Melfi, le 24 avril 1753 : « La divine Providence a voulu que votre Frère Gérard vînt à Corato pour le bien d'un grand nombre d'âmes. Grâce à sa présence et à ses exemples, d'étonnantes conversions ont été opérées. Dans la population entière, la piété a fait de très sensibles progrès. Ce fut, autour de sa personne, un continuel concours de gentilshommes et de dames de distinction. Il lui suffisait d'ouvrir la bouche, de dire quelques mots de Dieu, pour convaincre les esprits, et remplir les cœurs de componction. Toute la ville était ébranlée. On portait Gérard jusqu'aux nues, comme un saint descendu du ciel. Il y avait, dans son langage, je ne sais quoi de merveilleux. Chacune de ses paroles était un trait qui allait droit au cœur. Plusieurs personnes veulent abandonner le monde... »

On comprend l'ascendant d'un homme revêtu de la puissance de Dieu, qui prédit l'avenir, qui pénètre les consciences, qui chasse les maladies, qui passe en faisant des prodiges. Pendant les trois années que le fils de saint Alphonse parcourut la Pouille, le Bari, la Basilicate, l'Avellino, et les diverses provinces napolitaines, il ne se passa pas de jour qui ne fût signalé par quelque merveille. Les villes de Muro, de Corato, de Castelgrande, de Melfi, de Lacédogna, de Bisaccia, de Calitri, d'Ilicéto, de Caposèle, et une foule d'autres villes et villages, et Naples même, l'immense, la belle capitale, virent se multiplier les faits les plus merveilleux par la vertu des prières de Gérard.

Pour enregistrer ces faits, nous disent les historiens de l'humble frère, il eût fallu à sa suite un chroniqueur infatigable, et encore n'y eût-il pu suffire. Partout retentissait le cri : « Miracle ! miracle ! » de même que le cri : « Le saint ! le saint ! » A Auletta, à la suite de plusieurs guérisons, le serviteur de Dieu courut se cacher dans une maison ; mais le peuple l'y suivit, en criant : « Le saint ! où est le saint ? » A Naples, le peuple le montrait du doigt, en disant : « Voilà le saint ! » Tel était son crédit, que les campagnards, en le voyant passer, quittaient leur travail, et couraient à lui pour recevoir sa bénédiction. Comme le Frère Fiore, son fidèle compagnon, le précédait d'une centaine de pas, il arrivait souvent qu'on le prenait pour le Frère Gérard, et on se mettait à genoux ; mais lui leur criait de loin : « Je ne suis pas le saint ; le voici qui vient. »

Aussi, la libéralité des fidèles dut souvent être modérée. Les femmes de Muro, selon l'expression même de Gérard, se seraient dépouillées de leurs pendants d'oreilles, et les hommes de leurs boutons précieux, si le bon religieux n'avait arrêté l'élan de leur générosité.

Tous ces prodiges en amenèrent d'autres beaucoup plus grands, c'est-à-dire la conversion des pécheurs et la sanctification des justes. Ce n'est pas sans raison qu'un évêque disait que la présence de Gérard dans une localité valait une mission. Grâce à son zèle, on vit des paroisses entièrement réformées et des monastères devenir, pour l'Époux divin, des paradis de délices (1).

Un apostolat si fructueux, on le conçoit, devait exci-

---

1. Comme nous voulons simplement donner une vie populaire du Frère Gérard, nous supprimons tout ce qui concerne les rapports spirituels qu'il eut avec les religieuses. C'est là surtout que Gérard se révèle et montre sa vie intérieure, sa sagesse dans les conseils, et la mission providentielle qu'il avait reçue de Dieu, pour sanctifier les monastères. Cette partie, si intéressante pour les âmes consacrées à Dieu, l'est moins pour le peuple. D'ailleurs nous eussions dû abréger ces belles pages, et ce serait les déparer que d'en retrancher une ligne. Nous disons donc aux âmes religieuses : Prenez la grande vie du Frère Gérard, et lisez : Vous entendrez un séraphin parler aux anges... de la terre.

ter la rage de l'enfer. Il y avait près de deux ans que le saint frère avait fait les vœux, lorsqu'on lança contre sa réputation, la plus noire des calomnies. Nous la ferons connaître lorsque nous parlerons de la patience du serviteur de Dieu. C'était au printemps de 1754. Saint Alphonse, sans ajouter foi à l'accusation, en prit toutefois occasion pour mander le frère à Nocéra, afin de pouvoir, par lui-même, examiner son esprit et éprouver sa vertu. Après l'avoir retenu quelques jours auprès de lui, le saint fondateur l'envoya au couvent de Ciorani, et, dix jours après, à celui de Caposèle.

Deux mois n'étaient pas révolus, que l'accusatrice, repentante, avoua son imposture. Ce fut alors que le Père Margotta, devant se rendre à la résidence de Naples, supplia saint Alphonse de lui donner Gérard pour compagnon. Le serviteur de Dieu fut, dans la capitale, ce qu'il avait été partout, un saint religieux, un apôtre, un thaumaturge. L'affluence qui se fit autour de sa personne et les témoignages de vénération dont il fut l'objet, furent tels, que le Père Margotta jugea prudent de demander au Supérieur général de l'éloigner momentanément de la grande cité. Gérard y avait séjourné trois mois et demi. On touchait à la fin d'octobre 1754. Caposèle lui fut assigné pour résidence. Cette maison, de fondation toute récente, avait pour recteur le Père Cajone. Ce saint et savant religieux ayant confié à Gérard la charge de portier, fut l'heureux témoin et le narrateur des merveilles que l'admirable frère opéra pendant le rigoureux hiver de 1754-1755.

Quand l'émotion produite à Naples, pendant le séjour de Gérard, fut un peu calmée, le Père Margotta alla redemander aux supérieurs son cher compagnon. On le lui accorda de nouveau. Ils se rendirent ensemble d'abord à Calitri, où Gérard opéra une foule de prodiges, et de là, à Naples, où ses miracles lui valurent plusieurs fois des ovations enthousiastes. Ce second séjour dans la capitale fut d'environ trois mois.

Au mois de juin 1755, l'obéissant religieux reçut l'ordre de retourner à Caposèle, où l'on était occupé à bâtir le couvent. Son fondateur, l'archevêque de Conza, brûlait du désir de le voir achevé ; mais les ressources faisaient défaut. Il se vit donc obligé d'adresser une lettre circulaire à ses diocésains, par laquelle il les pressait de concourir à une œuvre si éminemment utile au diocèse ; et il chargeait les rédemptoristes de recueillir les offrandes.

Personne n'était plus apte à cette mission que Gérard. Malheureusement il était malade. Le Père Cajone connaissant par expérience ce que l'obéissance pouvait sur ce saint frère, l'appela, lui demanda des nouvelles de sa santé, puis lui mit la main sur la tête, en disant intérieurement, sans proférer une seule parole : « Au nom de la très sainte Trinité, je veux que vous récupériez la santé et que vous alliez faire la quête. » Gérard ignorait toute l'affaire ; mais quand il vit le recteur lui mettre la main sur la tête, il lui dit : « Votre Révérence parle et ne parle pas en même temps ; elle veut que je me porte bien, et que j'aille faire la quête. Eh bien ! je me porterai bien, et je ferai la quête. » En effet, Gérard, rétabli, se mit bientôt en route, se proposant bien moins d'aller à la recherche de l'argent, que de voler à la conquête des âmes.

Partout il fut accueilli avec enthousiasme, et partout aussi il donna de nouvelles preuves des sublimes vertus et des dons surnaturels dont le ciel l'avait enrichi.

Ce sont ces vertus et ces dons que nous allons maintenant faire connaître au lecteur.

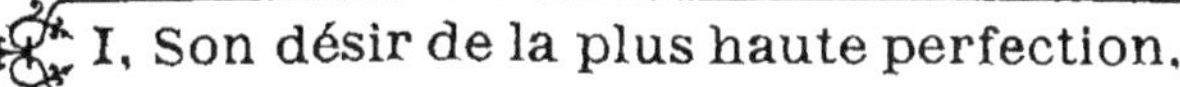

I. Son désir de la plus haute perfection.

PRÈS la mort du Père Cafaro, son premier directeur, Gérard se mit sous la direction du Père Juvénal, religieux de grande vertu.. C'est à lui que nous devons de précieux documents sur l'intérieur du saint frère. Il vit bientôt par lui-même que Gérard avait reçu de Dieu le don de pénétrer les cœurs, et il en fit personnellement l'heureuse expérience. Il se trouvait un jour dans une cruelle anxiété d'esprit par la crainte de n'être point en grâce avec Dieu. Sur ces entrefaites, Gérard se présente pour la confession. Après s'être confessé : « Mon Père, lui dit-il, soyez joyeux, car vous êtes dans la grâce de Dieu. C'est le démon qui vous inspire ces idées noires. » Ces paroles surprirent le Père ; mais fidèle à sa pratique d'humilier le frère quand l'occasion se présentait : « Vous êtes fou, lui dit-il, d'un air brusque, vous ne savez ce que vous dites. » Et ce disant il le renvoya. Pour lui, il se mit à remercier Dieu d'avoir si merveilleusement rendu la paix à son âme.

Ce qu'il admirait le plus en son disciple était sa parfaite obéissance, la seule garantie d'ailleurs des voies extraordinaires. Un jour que Gérard était retenu au lit par une grosse fièvre, le Père lui ordonna de secouer la maladie, de se lever et d'aller au travail. A l'instant même l'obéissant religieux était sur pied, bien portant. Un autre jour, voulant l'éprouver, le Père lui ordonna de lui servir la messe, après avoir reçu la sainte communion. Le séraphique frère sachant que l'amour le ravissait à lui-même chaque fois qu'il recevait son JÉSUS, ne put s'empêcher de dire : « Mais, mon Père ! — Faites ce que j'ai dit, » répliqua le sage directeur. L'extase n'eut pas lieu pendant la messe, mais elle survint immédiatement après.

Pour arriver à la perfection, il faut deux choses, dit saint Alphonse : le désir et la résolution. Ces deux secrets de sainteté, nous les trouvons en Gérard. La perfection à laquelle il prétendait, n'était pas ordinaire et commune ; il voulait parvenir à la plus grande perfection. De là ce vœu héroïque qu'il fit, d'accomplir en tout ce qu'il y a de plus parfait. Sous prétexte d'examiner si c'était l'esprit de Dieu qui le guidait, le Père Juvénal lui ordonna de mettre par écrit ses mortifications, ses désirs et ses résolutions. Gérard obéit. Citons une partie de ce code de perfection.

« Que la grâce divine soit toujours dans nos cœurs et que la très sainte Vierge nous la conserve !

« Votre Révérence désire connaître mes mortifications, mes désirs, mes sentiments, mes résolutions, ainsi que le sens précis du vœu que j'ai fait d'accomplir toujours ce qu'il y a de plus parfait. Me voici prêt à rendre compte de tout, afin de marcher avec plus d'assurance dans la voie du salut.

« *Mortifications.* Chaque jour : je prends la discipline et je porte le cilice en fer autour des reins. — En me couchant et en me levant, je traîne la langue par terre en forme de croix. — Je mets des herbes amères dans ma nourriture au dîner et au souper. — Je porte un cœur à pointes de fer sur la poitrine. — Je mâche des herbes amères trois fois par jour. — Je récite six *Ave Maria*, matin et soir, la face contre terre.

« Le mercredi, le vendredi, le samedi et toutes les vigiles, je mange à genoux, et je fais, au dîner et au souper, neuf croix en traînant la langue sur le pavé du réfectoire ; ces jours-là je laisse les fruits à table. Le vendredi, au dîner, je mange moins. Le samedi, je jeûne au pain et à l'eau.

« Le mercredi, le vendredi et le samedi, pendant la nuit, je me ceins le front et les reins d'une large chaînette ; pendant le jour, une autre beaucoup plus large me sert de ceinture. Le jour et la nuit, j'en porte une au bras. — Tous les huit jours, je me donne la discipline jusqu'au sang.

« Dans les neuvaines, aux susdites mortifications,

j'ajoute chaque jour une discipline, et j'en prends une jusqu'au sang dans le cours de la neuvaine, sans compter les pénitences extraordinaires que je demanderai à Votre Révérence.

« *Désirs*. Je désire aimer beaucoup mon Dieu, vivre toujours uni à lui, faire toute chose pour lui, me conformer en tout à sa sainte volonté, souffrir beaucoup pour lui.

« *Sentiments*. Frère Gérard, résous-toi à te donner à Dieu sans réserve. N'oublie pas que, pour devenir saint, il faut quelque chose de plus qu'une oraison continuelle. Il faut faire la volonté de Dieu, se dépenser pour Dieu. Voilà ce que Dieu demande de toi. Ne sois esclave ni du monde ni de toi-même. Dieu présent, union continuelle avec Dieu, voilà ce qui te suffit. Tout ce que l'on fait pour Dieu est oraison ; les uns s'engagent à ceci, les autres à cela : mon unique engagement à moi, est de faire la volonté de Dieu. Rien ne coûte quand on agit pour Dieu.

« Le 21 septembre 1752, je compris mieux les vérités suivantes. Si j'étais mort depuis dix ans, quelle prétention aurais-je ? Aucune. — C'est une peine extrême de souffrir, et de ne pas souffrir pour Dieu. — Ce n'est rien de tout souffrir, quand on souffre pour Dieu. — Je veux agir sur la terre comme s'il n'y avait que Dieu et moi.

« *Réflexions*. Si je viens à me perdre, je perds Dieu, et Dieu perdu, que me resterait-il ? »

« Quelle foi vive je dois avoir au très saint Sacrement de l'autel ! Seigneur, faites que j'y pense.

« *Résolutions*. Unique amour de mon cœur, ô mon Dieu, je m'abandonne pour toujours à votre divine volonté. Je veux répéter en toute tentation et tribulation : *Fiat voluntas tua*. J'embrasse et j'adore vos divines volontés, et je les regarde comme autant de perles précieuses que vous daignez m'offrir.

« Seigneur, je veux faire tout ce que la sainte Église me commande.

« Mon Dieu, par amour pour vous, j'obéirai à mes supérieurs, comme à votre personne même.

« Parmi toutes les vertus qui vous sont agréables, ô mon Dieu, celles que j'aime le plus, c'est la pureté.

« Je ne parlerai que dans trois cas : quand il s'agira de la gloire de Dieu, ou du bien du prochain, ou d'une vraie nécessité.

« En récréation, je ne parlerai que lorsqu'on m'interrogera.

« Dans les tentations de parler contre le bon plaisir de Dieu, je dirai : Mon JÉSUS, je vous aime.

« Je ne dirai ni bien ni mal de moi-même, mais je ferai comme si je n'étais pas.

« Je ne m'excuserai jamais, quand même j'aurais les meilleures raisons pour le faire, pourvu que mon silence ne cause aucune offense à Dieu, aucun préjudice au prochain.

« Jamais je ne répondrai à celui qui me réprimandera, à moins qu'il ne l'exige.

« Je serai l'ennemi de toute irrégularité.

« Je n'accuserai jamais les autres, ni ne parlerai de leurs défauts, pas même en plaisantant.

« J'excuserai toujours mon prochain, voyant en lui JÉSUS-CHRIST même, qui fut, malgré son innocence, accusé par les Juifs. Je prendrai toujours la défense des absents.

« J'avertirai quiconque dira du mal du prochain.

« J'agirai de manière à épargner aux autres l'occasion de s'impatienter.

« Si quelqu'un commet une faute, je me garderai de l'en avertir en présence des autres, mais je le ferai entre lui et moi, en toute charité et à voix basse.

« Quand un Père ou un Frère aura besoin d'aide, je laisserai tout pour l'assister, à moins que l'obéissance ne s'y oppose.

« Je visiterai les malades plusieurs fois par jour avec la permission.

« Je ne me mêlerai jamais des affaires d'autrui.

« Dans tous les emplois où je devrai aider les autres, j'obéirai sans réplique à celui qui présidera...

« Dans les offices à faire en commun, comme de balayer, de porter les fardeaux, etc. j'aurai pour règle de ne jamais prendre la meilleure place ni les meilleurs instruments ; mais je céderai aux autres ce qu'il y a de plus commode, prenant pour moi ce que Dieu me laissera ; ainsi tous seront contents, et moi aussi.

« Dans les moments d'émotion, j'éviterai d'agir contrairement à la raison, et j'attendrai, avant d'agir, que le calme soit revenu.

« Ma grande résolution est de me donner tout à Dieu. Aussi aurai-je toujours devant les yeux ces trois mots : Sourd, Muet, Aveugle.

« Ces mots : « Je veux et je ne veux pas, » ne seront jamais sur mes lèvres. Votre volonté, ô mon Dieu, et non la mienne !

« Pour faire la volonté de Dieu, il faut que je renonce à la mienne. Oui, Dieu seul, et si je ne veux que Dieu seul, il faut que je renonce à tout ce qui n'est pas Dieu.

« Je ne chercherai en rien mes propres intérêts.

« Durant les heures de silence, je méditerai la Passion de JÉSUS-CHRIST et les douleurs de Marie. »

On pourra lire, dans la grande édition, le reste de ce document si intéressant.

Nous allons maintenant parcourir en détail les vertus du saint religieux et nous convaincre qu'il fut « un ange dans la chair, un séraphin d'amour pour Dieu et pour le prochain, un modèle de toutes les vertus, le saint de l'obéissance, un prodige de pénitence, un vrai miroir de la perfection chrétienne, l'idéal de l'humilité, un chasseur d'âmes, le père des pauvres, un homme tout de Dieu, un saint miraculeux, un saint par excellence. » Tous ces termes élogieux lui ont été décernés par ses contemporains, comme l'atteste la cause même de sa béatification.

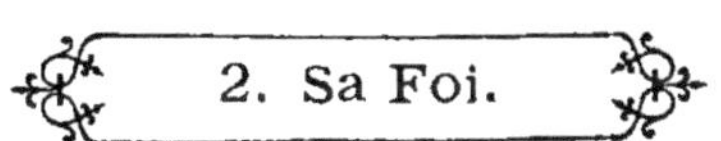

2. Sa Foi.

SUIVANT la doctrine du saint concile de Trente, la foi est le fondement, la racine et la source de la justification et de toute vertu surnaturelle. Si le Frère Gérard est parvenu à une perfection si éminente, tout l'honneur en revient à sa foi vive, ardente et vraiment héroïque. Pour en faire l'éloge, il suffit de citer les paroles mêmes du grand serviteur de Dieu : « La foi est ma vie, écrivait-il, et la vie pour moi, c'est la foi. O Dieu ! quel homme voudrait vivre sans la sainte foi ? Pour moi, je désirerais pousser toujours ce cri, et le faire entendre à toute la terre : Vive la sainte foi de notre bon Dieu ! »

De là cette parfaite soumission à la sainte Église : « Seigneur, disait-il, je veux faire tout ce que m'ordonne la sainte Église, ma mère. »

De là cette parole qu'il aimait tant à répéter, qu'il donnerait mille fois sa vie pour la défense des vérités révélées.

De là ce désir ardent du martyre qu'il offrait à Dieu chaque matin, en renouvelant ses saints vœux.

De là cette science vraiment profonde qu'il avait de la religion, bien qu'il n'eût reçu d'autre instruction que celle qui se donne dans les écoles primaires.

De là, enfin, cet esprit surnaturel qui vivifia toute sa vie.

L'esprit de foi lui montrait JÉSUS-CHRIST dans le prêtre, dans ses supérieurs, dans ses confrères, dans les pauvres, dans les malades.

« En recevant la bénédiction de mon supérieur, disait-il, je considérerai que c'est JÉSUS-CHRIST lui-même qui me la donne. »

« J'obéirai à mon supérieur comme à la personne de JÉSUS-CHRIST. »

« J'aurai soin d'excuser tous mes confrères, considérant en eux Notre-Seigneur JÉSUS-CHRIST, que les Juifs accusèrent, malgré son innocence. »

« J'aurai pour les prêtres la plus profonde vénération, considérant en eux JÉSUS-CHRIST lui-même. »

Tout ce qui rappelle les mystères de notre sainte foi, excitait au plus haut degré la dévotion du pieux rédemptoriste. « Je réciterai, disait-il, un *Gloria Patri* chaque fois que je verrai une croix ou quelque image représentant l'une des trois Personnes divines, ou bien quand je les entendrai nommer, et en outre au commencement et à la fin de chacune de mes actions. »

C'est à la vivacité de sa foi, qui lui rendait en quelque sorte visible le grand Dieu invisible, qu'il faut attribuer ses fréquentes extases. Il ne pouvait, sans être ravi hors de lui-même, contempler nos sublimes mystères, tels que la très sainte Trinité, l'Incarnation, la Passion, le Saint-Sacrement.

En 1753, la veille de la fête de la très sainte Trinité, Gérard fut appelé au couvent du Saint-Sauveur de Foggia pour consoler une religieuse malade. Quand il eut fini, on commençait au chœur le chant des premières Vêpres de la fête. A peine eut-il entendu ces mots : « *Gloria tibi, Trinitas :* Gloire soit à vous, ô Trinité ! » qu'il est saisi d'un transport d'amour ; et, ravi en extase, il traverse le cloître avec la rapidité d'une flèche, en répétant ces mots de saint Paul : « O profondeur des trésors de la sagesse et de la science de Dieu ! que ses jugements sont incompréhensibles et ses voies impénétrables ! » A l'issue de l'office, voyant que les religieuses s'arrêtaient, pleines d'émotion, pour le considérer dans cet état de joie extatique, il s'écrie avec un saint enthousiasme : « O mes sœurs, aimons Dieu ! O mes sœurs, aimons Dieu ! » Puis, soudain, levant les yeux vers le ciel, il s'élève à une hauteur considérable.

C'est surtout dans sa charge de sacristain que Gérard fit briller sa foi vive. Qui pourrait exprimer la joie qu'il éprouvait en ornant les autels, les statues, la crèche, les reposoirs ? Travailler pour JÉSUS, tout près de JÉSUS, sous les yeux de JÉSUS, c'était pour lui un paradis anticipé.

Sa foi ardente le pressait à passer tous ses moments de loisir devant le Très-Saint-Sacrement. Quelle piété, quel respect au pied des saints autels ! On eût dit un séraphin en adoration devant le trône de Dieu.

Le Saint-Sacrement était l'aimant qui attirait son cœur. Lorsqu'on l'exposait à la vénération des fidèles, il était tout hors de lui-même et tombait parfois en défaillance vis-à-vis de tout le peuple. C'était un beau spectacle de voir les combats qui s'engageaient quelquefois entre son amour pour JÉSUS-CHRIST et son respect pour l'obéissance. Le Père Tannoya rapporte qu'un jour, se trouvant caché dans un coin de l'église, il vit l'angélique religieux passer et se mettre à genoux devant le saint tabernacle, puis se débattre pour se lever ; enfin, comme s'il eût été retenu par une force invisible, il s'écria : « Ah ! laissez-moi, Seigneur, car j'ai à travailler. » Il partit en toute hâte pour s'arracher aux douces étreintes de son Dieu.

Que ne fit-il pas pour exciter dans les fidèles la foi envers ce mystère d'amour ? Il souffrait de voir les tabernacles entourés de si peu d'adorateurs. Grâce à son exemple et à son zèle, on vit s'établir, en bien des localités, la visite quotidienne au Saint-Sacrement. Il parvint même à faire goûter la communion fréquente, non seulement à certaines âmes d'élite, mais à des familles et à des populations entières. On disait de lui qu'il savait attirer plus de personnes à la Table sainte, que cent prédicateurs.

Sa foi vive s'exaltait aussi au souvenir de la Passion. Le crucifix était l'objet continuel de sa contemplation. JÉSUS crucifié absorbait toutes ses pensées. Pour lui, voir l'image de JÉSUS en croix, c'était tomber en extase. Plusieurs jeunes clercs étaient venus faire les exercices spirituels dans notre maison d'Ilicéto. Le pieux sacristain fut chargé de préparer leur table. Or, dans la salle à manger se trouvait un tableau de l'*Ecce Homo*. Au milieu de sa besogne, Gérard lève les yeux, et voyant l'Homme de douleurs, il s'arrête, immobile, le regard fixé sur la sainte image, tenant dans une main une fourchette et dans l'autre une serviette. Un frère servant, passant par là, appelle Gérard, mais en vain ; d'autres frères accourent ; enfin survient le Père Recteur. Celui-ci, persuadé qu'il se trouvait en présence d'une extase, ordonne à Gérard de reprendre ses sens, et à l'instant même le ravissement cesse.

C'est à la vivacité de la foi de ce bon frère, qu'il faut attribuer cette multitude de prodiges, qu'il opéra dans le cours de sa vie, au nom de la très sainte Trinité et par le signe de la croix. JÉSUS-CHRIST n'a-t-il pas dit dans l'Évangile : « Tout est possible à celui qui croit ? » Qui a la foi, est le maître du monde. Dieu semble soumettre sa toute-puissance à l'homme de foi. « Courage, disait un jour le serviteur de Dieu à un malade, en faisant sur lui le signe de la croix, courage, levez-vous, et venez avec moi vous confesser à l'église. » Et le malade était guéri à l'instant même. Il rendit, de la même manière et instantanément, la santé à une sœur converse du Saint-Sauveur de Foggia, au moment où il semblait qu'elle allait rendre le dernier soupir. C'est encore par le signe de la croix qu'il rendit une santé parfaite à une jeune personne que tous les efforts de l'art n'avaient pu guérir : « Soyez guérie, » lui dit-il, et à l'instant même elle fut guérie. » Ce prodige, que de fois ne l'a-t-il pas réitéré !

Il avait la même foi dans la vertu de l'eau bénite. Il s'en servait pour se fortifier contre les assauts de l'enfer; lorsque les démons l'avaient tout meurtri de coups, il lui suffisait d'en répandre quelques gouttes sur ses blessures pour les guérir instantanément.

Les reliques des saints étaient également l'objet de sa foi. Il se servit souvent de la poussière du tombeau de sainte Thérèse pour guérir les malades ou prévenir des accidents.

3. Son espérance.

L'ESPÉRANCE procède de la foi comme la tige de sa racine. Plus profonde est donc la racine de la foi, plus forte sera la tige de l'espérance. Une âme aussi pleine de foi que l'était celle de Gérard, devait nécessairement être animée d'une grande espérance et d'une confiance vraiment filiale en Dieu.

On lui demandait un jour s'il avait une espérance certaine de son salut éternel : « Oui, répondit-il, puisque c'est pour m'obtenir cette faveur que JÉSUS-CHRIST est venu sur la terre. »

Il espérait fermement, par les mérites de Notre-Seigneur, parvenir non seulement au paradis, mais même à la plus haute sainteté ; de là cette parole qui sortit si souvent de sa bouche : « Je veux devenir un saint. » Ce noble but, si digne d'une âme généreuse, il ne cessa, en aucun temps de sa vie, de le poursuivre avec la plus vaillante ardeur et la plus admirable persévérance. Oraison continuelle, communions fréquentes, cruelles macérations, recherche passionnée de la souffrance, renoncement parfait à toutes les choses de la terre, donation de soi-même sans réserve à JÉSUS et à Marie, Gérard n'omit aucun des moyens propres à élever son âme à la perfection. Dans le billet d'adieu qu'il écrivit à sa mère lorsqu'il se déroba à ses étreintes maternelles pour embrasser la vie religieuse, on lisait ces mots : « Je vais me faire saint. » Malgré les mille difficultés que firent les supérieurs pour l'admettre dans la Congrégation, il espéra contre toute espérance, et sut, par la constance de ses prières, obtenir une admission qui semblait irrévocablement refusée.

Une fois admis, Gérard ne mit plus de bornes à ses désirs d'avancement spirituel. Il les exprime ainsi dans ses Résolutions : « L'occasion de devenir un saint ne m'est offerte qu'une seule fois ; si je n'en profite pas, c'est pour toujours. Puisque je ne puis avoir qu'une seule fois la bonne fortune de devenir un saint, qui donc m'empêchera d'y travailler ? J'ai toutes les occasions favorables pour me sanctifier. Oui, je veux être un saint. »

Sachant que l'œuvre de la sanctification exige tout à la fois et le secours de Dieu et la coopération de l'homme, Gérard prit de fortes et sérieuses résolutions, mais il ne compta que sur la grâce de Dieu pour les observer fidèlement : « Jamais je n'ai compté sur moi, jamais je ne compterai sur moi. Connaissant ma profonde misère, je ne saurais m'appuyer sur moi-même, et si je le faisais, j'aurais certainement perdu la tête. C'est en Dieu, et en Dieu seul, que je me confie et que j'espère ; aussi ai-je remis ma vie entière entre ses mains pour qu'il en fasse tout ce qui lui plaira. Et, bien que je vive, je suis sans vie, puisque ma vie c'est Dieu. En lui seul je me repose ; de lui seul j'attends le secours nécessaire pour accomplir toutes mes résolutions. »

Pour obtenir cette fidélité, l'humble religieux adressait à Dieu cette prière : « Faites, Seigneur, que je sois fidèle à mes résolutions. Hélas ! je ne puis me fier à moi-même, incapable que je suis de tenir le moindre engagement ; mais je me confie uniquement à vous, qui êtes la bonté et la miséricorde infinies, et qui ne pouvez faillir à vos promesses. O bonté suprême, quand j'ai manqué, ce manquement venait de moi ; désormais, je veux que ce soit vous qui agissiez en moi. Faites,

Seigneur, que j'observe mes résolutions exactement et sans aucune faute. Je l'espère fermement de vous, trésor inépuisable. »

Le saint frère mettait aussi toute sa confiance dans le secours de la très sainte Vierge, des anges et des saints : « Et vous, Immaculée Vierge Marie, mon unique joie, soyez ma protectrice et ma consolatrice ; soyez toujours mon avocate auprès de Dieu, afin que je mette en pratique mes bonnes résolutions. »

« Je m'adresse aussi à vous, heureux habitants du ciel, et je vous prie d'être mes avocats auprès de notre commun créateur. C'est en votre présence que j'écris ces lignes ; daignez les lire du haut du ciel, et vous employer auprès de la divine Majesté pour que je sois fidèle. Que vos prières soient efficaces. C'est en votre présence que je fais mes promesses à Dieu et à Marie. Je supplie mes saintes patronnes Thérèse, Marie-Madeleine de Pazzi et Agnès, de me prêter une assistance particulière et continuelle. »

Gérard montra que son espérance en Dieu était inébranlable comme le rocher battu par la tempête, lorsque survinrent les terribles épreuves auxquelles il fut soumis. Car, comme tous les saints, il dut passer par le creuset des tribulations, des aridités, des angoisses et des terreurs. On frémit quand on se représente les combats qu'il eut à soutenir contre la rage de l'enfer, l'amertume qu'il éprouva lorsque fut lancée contre lui la plus atroce des calomnies, et la violence continuelle qu'il dut se faire pour mener jusqu'à la mort une vie si pénitente et si mortifiée. Mais appuyé sur Dieu, il ne céda jamais au découragement. Il disait avec saint Paul : « Je puis tout en Celui qui me fortifie. »

Dieu lui-même voulut jouir du beau spectacle de cette héroïque vertu, en livrant son serviteur à des délaissements inénarrables. Oui, cette âme si pure, si riche de dons célestes, si favorisée d'extases et d'ardeurs séraphiques, eut à soutenir une lutte terrible contre le désespoir et contre la crainte d'être abandonnée de Dieu. Gérard nous révèle lui-même ce douloureux martyre dans ses lettres, d'où nous extrayons les passages suivants : « La divine justice me torture de telle sorte que personne, je pense, n'a davantage à souffrir. Que la volonté de Dieu en soit éternellement bénie ! Ce qui me fait trembler, ce qui me cause le plus de frayeur, c'est la pensée que je n'aurai pas la persévérance. — Je me vois dans un total abattement, plongé dans un océan de confusion, et comme suspendu au-dessus de l'abîme du désespoir. — Il me semble qu'il n'y a plus de Dieu pour moi, que ses divines miséricordes sont à bout, et qu'il ne reste plus au-dessus de ma tête que sa justice. Voyez et considérez le malheureux état où je me trouve. — Je suis cloué à la croix. Ayez compassion de mon agonie. C'est à peine si les larmes me permettent de tracer ces lignes. Mes souffrances sont tellement amères, qu'elles me font éprouver les spasmes de la mort. »

Au milieu de cet océan d'affliction, le saint rédemptoriste surnage par son héroïque confiance. « Que Dieu soit à jamais béni des grâces dont il me comble ! Au lieu de me faire mourir sous ses coups, il me soutient pour que je survive. S'il m'envoie ces peines, c'est uniquement pour que j'imite le divin Rédempteur. Il est mon maître, je suis son disciple ; je dois donc apprendre à marcher sur ses traces... Avec lui je me trouve cloué à la croix, plongé dans l'affliction, en proie à d'indicibles souffrances. Je sens comme une lance qui me transperce et me donne le coup de la mort. Pour ne pas sortir des desseins de mon Rédempteur, qui me veut cloué comme lui sur la croix, j'incline la tête, et je répète : « Oui, c'est la volonté de Dieu que j'aime. Oui, je l'accepte et l'embrasse. » Ces accents nous rappellent cette parole du prophète royal : « Quand même le Seigneur me livrerait à la mort, je ne laisserai pas que d'espérer en lui. »

Aussi Dieu qui n'abandonne jamais ses serviteurs dans leurs tribulations, réservait-il parfois à Gérard des consolations inattendues. Il y avait à Ilicéto un jeune religieux qui mérita, par son innocence et sa vie intérieure, d'être appelé par ses contemporains un autre saint Louis de Gonzague. Son nom était Dominique Blasucci. S'apercevant un jour de la pâleur de Gérard, il lui en demanda la raison. Le saint lui révéla en toute simplicité les angoisses et les désespoirs qui mettaient son âme à la torture, et pria le jeune

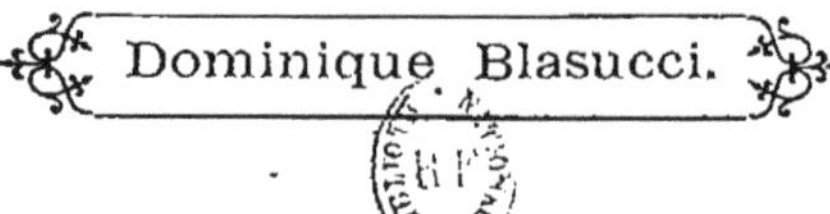

Dominique Blasucci.

scolastique de lui venir en aide. Dominique, pour toute réponse, lui traça un signe de croix sur le cœur. A l'instant même l'épreuve cessa et fit place aux plus douces consolations.

Cette sublime confiance de Gérard s'étendait aux choses nécessaires à la vie. Il vivait sans sollicitude, sachant que nul père n'est bon comme Dieu envers ses enfants. Les Rédemptoristes possédaient à Naples une maison cédée à saint Alphonse par son frère don Hercule de Liguori.C'est dans cette demeure que vinrent se sanctifier, par les œuvres de piété et les plus austères pénitences, le Père Margotta et le Frère Gérard, son compagnon.

Il y avait entre ces deux âmes une sainte émulation ; c'était à qui se mortifierait davantage. Tous les deux étaient constamment chargés de cilices et de chaînettes. La terre nue leur servait de lit, et leurs flagellations allaient chaque jour jusqu'au sang. Le supérieur ne s'inquiétait pas de la nourriture, et Gérard n'y songeait pas davantage. Rentrant un jour au logis, le Père demande à Gérard ce qu'il avait préparé pour le repas : « Tout ce que vous avez ordonné, répond le frère en souriant, et rien de plus. » C'est-à-dire qu'il n'avait rien préparé.

La pauvreté de la maison de Naples était grande ; ce dénûment affligeait le cœur du saint frère, non pour lui, admirable zélateur de la pauvreté évangélique, mais pour les pauvres auxquels il n'avait rien à donner. Le Frère François Tartaglione étant venu passer quelques jours dans cette résidence, remit à son confrère quelques pièces de monnaie pour acheter des vivres et préparer le repas. En allant faire son emplette, Gérard trouva sur sa route un marchand ambulant, qui débitait dans les rues des pierres à feu et des allumettes. Ce pauvre homme demanda au religieux la charité, en disant qu'il mourait de faim. Ému de compassion, le bon frère oublie son pain et son poisson, et lui abandonne, en échange de la marchandise, tout l'argent qu'il avait reçu. Cependant le Frère François, qui avait eu certaines courses à faire, rentre au logis et demande à Gérard ce qu'il a préparé pour le repas. Gérard, sans répondre à la question, l'embrasse, tout joyeux, en disant : « Pourquoi tant de sollicitude ? Dieu seul et rien de plus ! — C'est bien, repartit François, mais pensons un peu à manger. » Voyant alors sur la table des pierres à feu et des allumettes : «Qu'est-ce que cela ? dit-il. — Mon cher frère, cela peut nous servir à l'occasion. Je vous avouerai qu'ayant rencontré un pauvre homme qui vendait ces objets et mourait de faim, je n'ai pu m'empêcher de les lui acheter pour l'argent que vous m'aviez donné. » Cette réponse, on le comprend, dut mortifier le Frère François, mais il dissimula son mécontentement en admirant la charité de son confrère. Sur ces entrefaites le supérieur rentra, et Gérard n'eut rien de plus pressé que de lui raconter comment il avait supposé la permission pour faire l'aumône. « Mais nous, qu'aurons-nous à manger ? » dit le Père en souriant. — Dieu y pourvoira, mon Père. » Et de fait, vers l'heure du repas, on vint sonner à la porte : c'était une servante qui venait de la part de sa maîtresse apporter à la petite communauté une corbeille pleine de comestibles.

Les merveilles de la vie de Gérard n'eurent d'autre source que sa grande confiance en Dieu. Pendant qu'on bâtissait le couvent de Caposèle, l'argent vint à manquer. Le Père Recteur en fit part à Gérard, qui lui conseilla de faire une supplique au Roi des rois. Lorsqu'elle fut rédigée, le Père Cajone la remit au saint frère, pour qu'il la présentât lui-même à sa divine Majesté. Gérard, sans balancer, va droit à l'église, dépose sa lettre sur l'autel, frappe à la porte du tabernacle, et dit : « Voici, Seigneur, notre supplique : c'est à vous d'y répondre. » Or, il fallait de l'argent le samedi pour payer les ouvriers, et l'on était le vendredi. Gérard passa la nuit devant le Saint-Sacrement, suppliant JÉSUS-CHRIST de venir au secours de la maison. Au point du jour, il alla de nouveau frapper à la porte du tabernacle, pour recommander sa requête à Notre-Seigneur. Au même instant, on entend un coup de sonnette. Gérard court à la porte, et y trouve deux sacs remplis d'argent. C'était la réponse du divin Maître à la supplique de son bien-aimé serviteur.

Notre bienheureux aimait à dire que rien n'est impossible à ceux qui espèrent en Dieu. De là ces miracles de guérisons qui lui étaient si familiers.

Un pauvre poitrinaire d'Ilicéto était dans un état désespéré : « Le poumon est entièrement gâté, disait le médecin, et il n'est pas en mon pouvoir de lui en donner un autre. » Gérard alla visiter le malade, et lui fit entrevoir qu'il recouvrerait la santé. « Non, s'écria le docteur, il ne peut guérir, le poumon est trop entamé. — Mais Dieu, répliqua le saint frère, n'est-il pas assez puissant pour lui en faire un nouveau ? Eh bien, qu'il plaise à Dieu d'opérer ce miracle pour animer les fidèles à mettre leur espérance en lui, et uniquement en lui ! » En achevant ces mots, le frère sortit en promettant au malade de prier pour lui. Quelques jours après, celui-ci était parfaitement guéri.

Cette confiance en Dieu, que notre saint rédemptoriste possédait à un si haut degré, il savait l'inspirer aux autres, même aux pécheurs les plus désespérés. Un jour qu'il se rendait à la ville de Sainte-Agathe, une voix intérieure lui dit qu'il allait rencontrer un grand pécheur. Bientôt, en effet, passe un homme à l'aspect sombre et mélancolique : « Où allez-vous, mon frère ? » lui demande Gérard avec bonté. — Que t'importe à toi ? laisse-moi en repos, répond le voyageur d'un air farouche. — Qui sait ? reprend le serviteur de Dieu ; peut-être pourrai-je vous être utile. — Je passe mon chemin, passe le tien, et ne me dérange pas, s'écrie ce misérable tout en colère. — Je sais que vous êtes au désespoir, dit le bon frère ; je sais que vous êtes sur le point de livrer votre âme au démon. Ayez confiance, Dieu m'a envoyé tout exprès pour vous. » En entendant ces paroles, le malheureux fond en larmes ; il sent renaître l'espérance dans son cœur, et révèle à Gérard la cause de ses remords. Celui-ci le console, l'encourage, et lui conseille d'aller faire une bonne confession au Père Fiocchi. Telle fut la ferveur de sa conversion, qu'on le retint comme ouvrier dans le couvent. Plusieurs années après, il se consacra au service des malades dans un hôpital de Naples. Son nom est François Têta.

———

4. Son amour pour Dieu.

L'AMOUR de Dieu, nous dit l'apôtre saint Jean, consiste dans l'observance de ses commandements. D'où il suit que plus on est fidèle à la loi divine et plus on évite avec soin la moindre violation de cette loi, plus on aime Dieu. Ce principe nous donne la juste mesure de l'amour du Frère Gérard pour son Dieu. Nous savons, par l'attestation unanime de ses directeurs, que cette âme tout angélique n'a jamais commis, non seulement de péché mortel, mais même, prodige qui semble inouï ! de faute vénielle délibérée ; de sorte qu'en sondant les plis et les replis de cette conscience si pure, ils ne pouvaient trouver dans toute sa vie de matière suffisante pour l'absolution sacramentelle. Cette pureté intérieure se manifestait tellement dans tout l'extérieur de ce juste privilégié, dans sa physionomie, son regard, sa parole, son maintien, ses gestes, sa conduite, que ses contemporains allaient jusqu'à dire qu'il semblait n'avoir point péché en Adam, ou qu'il n'avait point d'autre péché que celui qu'il avait apporté en naissant et que le baptême avait effacé.

Libre de tout péché et de tout obstacle à l'amour divin, la belle âme de Gérard put donc s'élever vers son Dieu, légère comme la flamme, et s'approcher de lui à la manière des séraphins. C'est ce qu'elle fit.

Le cœur de l'homme est créé pour aimer Dieu. Gérard l'avait compris. Aussi voulut-il l'aimer, l'aimer beaucoup, l'aimer en séraphin. Cette noble ambition apparaît dans ce bel acte d'amour : « Mon Dieu, j'ai l'intention de vous offrir autant d'actes d'amour qu'en ont jamais produits la Sainte Vierge et tous les esprits bienheureux, ainsi que tous les fidèles de la terre. Je souhaite de vous aimer autant que JÉSUS-CHRIST vous aime. Je voudrais renouveler ces actes à chaque soupir de mon cœur. »

Ces sentiments lui étaient habituels. Il écrivait à une religieuse d'une éminente sainteté, la Mère Marie-Céleste Costarosa, supérieure des sœurs du Saint-Sauveur à Foggia : « Je désire aimer Dieu ; je désire me tenir toujours près de Dieu ; je désire faire toutes choses par amour pour mon Dieu. — Aussi, nous disent les religieuses du Saint-Sauveur, quand il ouvrait la bouche, son cœur était comme un volcan d'amour. Son visage tout enflammé ressemblait à celui d'un ange venant parler aux hommes. »

Il posa un jour la main sur la poitrine d'un serviteur de l'évêque de Melfi, et articula avec un accent de séraphin ces paroles brûlantes : « Aimons Dieu, aimons Dieu. » Et tandis qu'il les prononçait, son visage paraissait rayonnant.

Dans une visite qu'il fit au chanoine Rossi, à Melfi, celui-ci amena la conversation sur les perfections de Dieu. Soudain, Gérard entre en extase, son visage paraît tout en feu, un éclat tout céleste brille sur son front, son cœur bat avec violence, comme s'il eût voulu s'échapper de la poitrine. Le chanoine, devinant son état, lui verse de l'eau sur la poitrine, et parvient ainsi à éteindre cet incendie divin.

La vue des images saintes, des peintures, des sculptures pieuses que nous regardons si froidement, embrasait le cœur du saint rédemptoriste. Pendant le séjour qu'il fit à Naples, il vit un jour sculpter des crucifix et des *Ecce Homo*. Aussitôt il témoigna un vif désir d'apprendre la sculpture, afin de propager l'image de Celui qu'il aimait. L'artiste s'offrit à lui donner des leçons, et le serviteur de Dieu ne tarda pas à devenir habile sculpteur. On conserve encore avec respect divers œuvres dus à son ciseau ; ils sont, dit-on, si expressifs qu'on ne peut les voir sans être attendri.

On peut dire que Gérard fut épris d'amour jusqu'à la folie envers JÉSUS crucifié. Il ne cessait de méditer les souffrances de son divin Maître. Aussi, voulut-il devenir lui-même une image vivante de JÉSUS flagellé, couronné d'épines et attaché à la croix. Au pied du couvent d'Ilicéto, se trouve une grotte, jadis sanctifiée par le bienheureux Félix de Corsano ; c'est là que Gérard allait pratiquer les plus horribles pénitences. Il avait pour confident un jeune postulant, nommé André Longarelli, à qui il ordonnait de remplir à son égard l'office de bourreau. L'amant de la croix se faisait d'abord attacher, les mains liées, à un poteau, comme le Sauveur à la colonne ; puis on le flagellait, avec des cordes.tordues et mouillées, jusqu'à ce que le sang jaillît de toutes parts. Alors se mettant sur la tête une couronne d'épines, il ordonnait à André de l'enfoncer à coups de roseau, ce qui faisait couler le sang avec abondance. Il alla même jusqu'à se faire attacher avec des cordes à une croix, demandant instamment à son jeune bourreau, qui pleurait de commisération, de lui tirer avec force les mains et les pieds, comme on l'avait fait à Notre-Seigneur. Ces scènes sanglantes eurent lieu pendant le premier noviciat de Gérard, et ne cessèrent que lorsque le Père Cafaro les eut interdites. Pendant le second noviciat, Gérard put encore obtenir la permission de suivre son attrait pour ces étranges mortifications. Cette fois, c'était le tailleur François Têta qui servait de bourreau, et lorsqu'il refusait de remplir cet office, le serviteur de Dieu lui disait d'une voix suppliante : « Oh ! frappez-moi, je vous le commande, frappez-moi par obéissance. » Un jour, après s'être fait attacher à une grande croix, il se fit élever en l'air, mais le poids de son corps et le contrecoup disloquèrent ses membres et lui causèrent un supplice des plus douloureux. Il se fit en même temps enfoncer à grands coups de roseau dans la tête une couronne d'épines. Ces saintes folies d'amour ne cessèrent qu'à la voix de l'obéissance.

Pendant la messe, Gérard semblait être un des séraphins présents à la scène du Calvaire. Affamée du pain eucharistique, son âme était à la torture lorsqu'elle en était privée. Aussi, lui avait-on permis de communier chaque matin.

« D'ordinaire, écrit-il dans ses résolutions, je ne demanderai pas la veille au soir la permission de communier le lendemain. Je ne la demanderai qu'au moment où j'irai à l'église, pour me tenir toujours prêt à la communion. Si cette permission m'est refusée, je ferai la communion spirituelle quand le prêtre prendra la sainte hostie. Mon action de grâces durera depuis le moment de la communion jusqu'à midi, et ma prépation pour le lendemain depuis midi jusqu'à six heures du soir. »

Un jour, se trouvant à Atella, chez son ami le chanoine Bozzio, il n'osa s'approcher de la sainte Table par humilité;mais il éprouva toute la journée une telle faim du pain céleste, qu'il dut chercher à se distraire dans la campagne, pour apaiser les désirs dévorants qu'il éprouvait de son Bien-Aimé.

Lorsqu'il avait communié, ses ardeurs séraphiques l'élevaient à une sorte d'extase, qui lui faisait oublier toutes les choses de ce monde. Un jour qu'il était chargé de la cuisine, il se retira, après avoir reçu son Dieu, devant un grand crucifix,pour y faire son action de grâces. A l'heure du dîner, rien n'était préparé. On cherche partout Gérard ; enfin on le trouve, le visage enflammé et tout absorbé en Dieu.« Mais qu'avez-vous fait, lui dit un frère : rien n'est préparé pour le dîner ? — Homme de peu de foi, répond le pieux rédemptoriste, et les anges qu'ont-ils donc à faire ? » Les anges s'étaient effectivement mis à son service, car à l'heure accoutumée on put servir le repas comme aux meilleurs jours.

Son amour pour le Saint-Sacrement l'enchaînait au pied des autels. Le lieu saint avait pour lui de tels charmes, que ses devoirs seuls étaient capables de l'en arracher. Après y avoir passé une grande partie du jour, il y passait encore une grande partie de la nuit, et il devait se faire de pénibles efforts pour s'éloigner de nos saints tabernacles.On peut dire que JÉSUS avait conquis le cœur de Gérard, et que Gérard le lui avait donné sans réserve. JÉSUS et Gérard ne formaient qu'un cœur et qu'une âme, tant la grâce et l'amour les avaient étroitement unis.Aussi, il y avait entre eux des rapports d'une étonnante familiarité.

Un jour, le Père Cajone, recteur de Caposèle, s'étant aperçu que le frère souriait en passant devant le Saint-Sacrement, l'appela : « Je veux savoir, lui demanda-t-il, pourquoi vous avez ri. — C'est qu'il m'a dit que j'étais un fou, répondit naïvement le saint religieux ; et moi, je lui ai répondu qu'il l'était plus que moi, de m'avoir tant aimé. » Santorelli (¹) lui demanda aussi

---

1. Le médecin Santorelli, dont il est fait souvent mention dans cette vie, était l'ami et le confident du Frère Gérard. Homme d'une grande piété, il communiait tous les matins, consacrait chaque jour plusieurs heures à l'oraison, fréquentait assidûment notre église,et s'adonnait aux plus austères pratiques de la pénitence.

pourquoi il passait si rapidement devant le maître-autel : « Que voulez-vous, répondit Gérard, ce bon Sauveur m'a surpris tant de fois, que je crains toujours qu'il ne me joue un nouveau tour. » Il avait à peine achevé ces mots, qu'il tomba en extase en poussant un grand cri. Le lendemain, rencontrant Santorelli qui souriait, il le prévint par ces mots: « Ne vous l'avais-je pas dit ? Vous avez vu comme ce bon Maître me surprend à l'improviste ! »

Il est peu d'âmes qui entrèrent plus avant dans le Cœur de JÉSUS que cet admirable frère. Le nom seul de Cœur de JÉSUS le faisait tressaillir de joie. Il écrivait un jour à la Mère Marie de JÉSUS, supérieure du Carmel de Ripacandida : « Vous ne pouvez plus me parler, dites-vous, sinon dans le Cœur de JÉSUS ; si vous saviez le bonheur que j'ai éprouvé en entendant un tel langage ! » C'est dans ce Cœur qu'il voyait les âmes auxquelles il s'intéressait : « Je le déclare en toute vérité, disait-il à la même religieuse, il ne m'arrive pas une seule fois de m'entretenir avec le Seigneur, sans que je vous voie dans son Cœur sacré. » Ce Cœur, il l'offrait à Dieu comme le seul don digne de sa majesté : « Et alors, j'offre pour vous à Dieu ce Cœur très saint. » Il faisait dans ce Cœur son séjour perpétuel : « Demeurons toujours dans le Sacré Cœur de JÉSUS. » Il recommandait aux saintes âmes d'y établir leur demeure. « Oh ! comme je désire que vous et toutes vos chères sœurs habitiez à jamais dans le Cœur transpercé de JÉSUS ! C'est dans ce Cœur que se trouve toute douceur ; c'est là qu'est le repos. »

Dans son amour séraphique, il ne parvenait pas à comprendre comment l'homme pouvait offenser la majesté infinie. Aussi avait-il voué au péché, qu'il considérait comme le bourreau de JÉSUS, son bien-aimé, une haine implacable. De là ce zèle ardent pour l'extirper des âmes. Mais parmi les péchés, il y en avait un qui révoltait son cœur au suprême degré : c'était la communion sacrilège. L'évêque de Lacédogna avait envoyé à Ilicéto un pécheur endurci, pour y faire les exercices de la retraite. Le jour de la communion, Gérard le rencontre : « Où allez-vous ? lui demande-t-il. — Je vais communier. — Communier !

réplique le frère tout hors de lui ; comment ! vous allez communier ! Et tel péché, et tel autre péché que vous n'avez pas confessés. Allez, allez bien vite faire une bonne confession, si vous ne voulez pas que la terre vous engloutisse. » Ces paroles inspirées firent rentrer le pécheur en lui-même, il alla faire une sincère confession, et retourna dans son pays, transformé en un autre homme. Mais cette conversion n'eut pas de durée. L'année suivante, le récidif, pire qu'auparavant, se présente de nouveau pour faire la retraite. Gérard lui demande des nouvelles de son âme : « Tout va bien, répond l'hypocrite ; je ne suis plus retombé dans mes fautes passées. » Le frère, qui lisait le contraire dans cette pauvre âme, prend un crucifix : « Eh quoi ! lui crie-t-il d'un ton indigné, vous avez le cœur d'offenser ainsi votre Dieu ! Comment ! vous n'êtes pas retombé ? Regardez ce crucifix : Qui a fait ces plaies à JÉSUS-CHRIST ? Et quel autre que vous a fait couler ce sang des veines du Sauveur ? » Au même instant, le sang se met à couler des mains et des pieds du crucifix. « Quel mal vous a donc fait votre Dieu ? poursuit Gérard ; pour vous, il a bien voulu naître petit enfant dans une crèche ; pour vous, il a été couché sur la paille. » A ces mots, l'Enfant JÉSUS apparaît dans les mains du serviteur de Dieu, qui termine en disant : « Quoi ! vous osez vous moquer ainsi de votre Dieu ! Ah ! sachez qu'on ne le fait pas impunément. Il est patient, mais à la fin il châtie. » Aussitôt apparaît un affreux démon qui veut entraîner en enfer le malheureux pécheur : « Va-t-en, vilaine bête, » crie Gérard ; et le démon se hâte de disparaître. Inutile d'ajouter que le pécheur se convertit sincèrement cette fois, et devint un modèle de vertu.

5. Sa dévotion à la très sainte Vierge.

GÉRARD n'eût pas été un digne fils de saint Alphonse, s'il n'avait eu pour la très sainte Vierge qu'une dévotion ordinaire. Dès son enfance, il lui donna son cœur, et il le lui garda avec la plus entière fidélité jusqu'à son dernier soupir. Dans sa jeunesse, lorsque ses concitoyens lui demandaient, par manière de badinage, s'il n'allait pas bientôt se marier, il répondait : « J'ai déjà une épouse. » Et alors on l'entendait s'écrier avec l'accent d'un cœur qui ne se possède plus : « Je suis fiancé à la Madone ! » ou bien : « La Vierge m'a ravi le cœur. » Cette aimante souveraine l'avait tellement ravi, en effet, qu'il serait difficile de trouver, même dans les vies des saints les plus dévots à Marie, un serviteur qui l'aimât plus passionnément. Cette sainte passion devint bien plus ardente encore lorsque le bon jeune homme eut le bonheur de se voir rédemptoriste.

Considérant qu'il devait à Marie la grande grâce de sa vocation, il ne savait en quels termes lui en témoigner sa vive reconnaissance. Comme les amants de ce monde, il avait toujours en bouche le nom de sa Bien-Aimée. Le seul nom de Marie suffisait pour le faire entrer en extase. La vue de son image le jetait dans les plus doux transports. Il voulait être tout à Marie, comme il voulait être tout à JÉSUS, afin d'aller par elle à JÉSUS. Il voulait n'avoir de souffle que pour Marie. Nous lisons dans son règlement de vie, qu'il formait l'intention de lui offrir autant d'actes d'amour que lui en offriront jamais et tous les justes de la terre et tous les heureux habitants du ciel. Il allait jusqu'à souhaiter de l'aimer autant que l'aimait Notre-Seigneur JÉSUS-CHRIST lui-même. Et ces actes d'amour, il voulait, disait-il, les répéter à chaque battement de son cœur.

Les rédemptoristes sont tenus, en vertu de leur règle, de réciter le chapelet, de faire une visite à la sainte Vierge, et de dire un certain nombre d'*Ave Maria* chaque jour ; également de jeûner chaque samedi de l'année, ainsi que la veille des fêtes de Marie. Gérard ne se contentait pas de ces témoignages d'amour.

« Avant et après chaque repas, écrit-il dans ses résolutions, je réciterai trois *Ave Maria ;* en buvant de l'eau, un *Ave Maria ;* chaque fois que l'horloge sonnera, un *Ave Maria.* » De plus, il récitait un *Gloria Patri* chaque fois qu'il voyait une image de la sainte Vierge, ou bien quand il l'entendait nommer, et en outre au commencement et à la fin de chacune de ses actions.

Il portait sans cesse au cou le saint rosaire, pour témoigner qu'il vivait dans les heureuses chaînes de Marie.

Chaque samedi il jeûnait au pain et à l'eau et se donnait la discipline jusqu'au sang. Pendant les neuvaines, il gardait une sévère abstinence et s'imposait de cruelles macérations et autres bonnes œuvres. Lorsqu'il le pouvait, il passait la nuit qui précède les fêtes de Marie au pied de son autel. Il avait une dévotion incomparable envers l'Immaculée Conception : que de fois ne fut-il pas ravi en extase devant son image ! Ce fut à ses pieds qu'il fit publiquement vœu de virginité dans la cathédrale de Muro, vœu qu'il avait fait dans son cœur probablement bien des années auparavant. Et ce fut sans doute en récompense de cette dévotion spéciale qu'il fut reçu, malgré tous les obstacles humains, dans un Institut dont la Vierge Immaculée est la première patronne. Son amour pour la Passion de JÉSUS-CHRIST le portait aussi à honorer spécialement la Mère de douleurs. Le favori de JÉSUS crucifié se tenait toujours, comme saint Jean, à côté de Marie au pied de la croix.

Un jour, le médecin Santorelli lui demanda s'il aimait la Sainte Vierge : « Mon cher docteur, répondit-il le visage tout enflammé, vous me martyrisez. Voyez donc quelle demande ! » Et à l'instant il se déroba bien vite pour cacher la flamme qui le dévorait.

Se trouvant à Foggia, chez le prêtre Sabatelli, entouré de prêtres et d'autres personnes, il se mit à parler de l'amour que nous porte la divine Mère. Cette pensée excita en lui de tels élans d'amour, qu'une extase de trois heures s'ensuivit.

Une autre fois, dans la famille Scoppi, à Melfi, jetant les yeux sur un tableau de la Sainte Vierge, il fut tellement embrasé d'amour, qu'il fut soulevé de terre comme une paille légère jusqu'à la hauteur de l'image; et tout en la baisant, il s'écriait : « O dona Anna, quelle belle Vierge vous avez ! » Anna Scoppi, la dame de la maison, en fut si impressionnée qu'elle tomba évanouie.

L'amant de la Mère de Dieu se fit son apôtre. Partout où il allait, il parlait de sa bonne Mère avec un tel zèle qu'il enflammait tous les cœurs. Les religieuses de Corato disaient que, quand il parlait de la très sainte Vierge, et il en parlait souvent, c'était avec un tel feu et une si grande tendresse qu'il communiquait son amour à quiconque l'entendait, et donnait l'idée de ce que sont les séraphins.

La fonction de sacristain, qui lui fut confiée à Ilicéto, lui était tout particulièrement chère, parce qu'elle lui fournissait l'occasion de faire honorer son aimable Souveraine. A l'approche des fêtes de Marie, on le voyait, plein de sollicitude, orner son autel, le parer des plus belles fleurs et d'un brillant luminaire, et préparer les processions qui devaient se faire, en cherchant à en rehausser l'éclat par des feux d'artifice et par des décharges de mousqueterie. Il aimait singulièrement à propager le chapelet et le scapulaire, et c'est sans doute, en récompense de ce zèle, qu'à l'article de la mort, il s'écria tout à coup, le visage enflammé, en s'adressant à l'infirmier : « Regardez, frère, regardez : que de scapulaires ! »

Marie aime ceux qui l'aiment, et ne se laisse surpasser par personne en amour. Aussi eut-elle pour cet enfant de prédilection des privautés incomparables. Une nuit, dans notre église d'Ilicéto, elle lui apparut toute resplendissante de beauté et lui prodigua les marques de tendresse les plus maternelles.

Une autre scène des plus touchantes se passa à Melfi. Gérard visitait, dans la compagnie de prêtres et de laïques, la galerie de tableaux du chanoine Capucci. Tout à coup ses regards se fixent sur une peinture représentant la Vierge, et à l'instant même il s'élève de terre jusqu'à la hauteur de la sainte image, et la saisissant avec un saint transport, il la couvre de pieux baisers sans nombre, en s'écriant : « Comme elle est belle ! Comme elle est belle ! Voyez comme elle est belle ! » Les témoins de cette scène étaient émus jusqu'aux larmes.

 6. Sa dévotion aux saints, aux anges 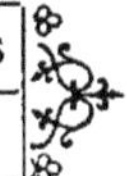 et spécialement à saint Michel.

ENFANT du ciel plutôt que de la terre, Gérard s'était choisi d'intimes amis parmi les anges et les saints. Outre les douze apôtres, il honorait d'un culte quotidien son ange gardien, saint Joseph, saint Joachim et sainte Anne, saint Jean-Baptiste, saint Bernard, saint Philippe de Néri, sainte Marie-Madeleine, pénitente, saint François-Xavier, sainte Thérèse, saint François d'Assise, saint Félix Cantalice, les quarante martyrs, ainsi que le saint du jour où il était né et celui du jour où il devait mourir. Mais rien n'égalait sa tendre dévotion à l'archange saint Michel, qui lui prodigua tant de faveurs privilégiées dans le cours de sa vie.

Les jeunes rédemptoristes qui étudiaient la théologie à Ilicéto, obtinrent la permission d'aller visiter, pendant les vacances de septembre de l'année 1753, la célèbre grotte de l'archange, au mont Gargan. Le Frère Gérard fut chargé de les y conduire. Ce fut une immense consolation pour le pieux frère de pouvoir aller en personne présenter ses hommages à son céleste protecteur. Nos pèlerins ne reçurent que trente carlins (12 frs 50) pour viatique, et cependant la caravane ne comptait pas moins de douze personnes, et le voyage devait durer neuf jours. Aux étudiants qui lui faisaient remarquer combien la somme était modique, Gérard répondait : « Dieu y pourvoira. » Un ermite se chargea de les conduire avec deux ânes de louage.

En passant par Foggia, ils allèrent vénérer le tableau miraculeux de la très sainte Vierge, devant lequel saint Alphonse avait été publiquement, et à deux reprises, favorisé d'une extase.

Une religieuse de l'Annonciation voulut profiter de ce passage du saint frère pour conférer avec lui sur l'état de son âme ; mais quelle ne fut pas sa surprise, lorsque l'homme de Dieu lui dit qu'elle devait se préparer à quitter bientôt cette terre ! Cette sœur s'attendait d'autant moins à cette nouvelle qu'elle était en pleine santé et à la fleur de l'âge. L'événement prouva bientôt la réalité de la prophétie.

Gérard ne cessa de signaler sa confiance en Dieu pendant tout le trajet. Voyant les jeunes gens accablés de fatigue, il loua une voiture. « Mais, lui dirent-ils, comment ferons-nous pour le paiement ? — Dieu y pourvoira, » répondit le saint frère. Cependant les deux ânes ne savaient déjà plus avancer. L'ermite, perdant courage, voulait les laisser, jusqu'au retour, dans une auberge. « Je me charge de les faire marcher, » dit Gérard en souriant ; et les touchant de son bâton : « Au nom de la Sainte Trinité, s'écrie-t-il, avancez, je vous l'ordonne. » Aussitôt, les pauvres bêtes se mettent au pas de course, et elles continuèrent avec la même ardeur pendant tout le voyage.

La bourse cependant ne contenait plus que dix-sept grains (un franc), lorsqu'on arriva à Manfrédonia. Gérard, loin de perdre confiance, voyant un joli bouquet sur le marché, va l'acheter, se rend à l'église, et le met devant le saint tabernacle, en disant à JÉSUS-CHRIST : « Vous le voyez, Seigneur, j'ai pensé à vous ; veuillez aussi penser à ma petite famille. » Le chapelain du château, témoin de cet acte de dévotion, appelle le dévot serviteur du Christ, et le prie de venir loger chez lui avec tous ses compagnons. « Que Dieu soit votre récompense, répond Gérard, mais nous sommes trop nombreux. — Qu'à cela ne tienne, venez tous. Je ne regrette qu'une chose : c'est que ma mère, malade depuis deux mois, ne puisse vous recevoir selon votre mérite. — Il y a du remède à ce mal, répond le frère ; faites un signe de croix sur le front de la malade, et elle sera guérie. » En effet, à peine eut-elle été marquée du signe de la croix, qu'elle se trouva parfaitement rétablie.

Cette dévotion du pieux rédemptoriste envers le Saint-Sacrement fit une telle impression sur un autre prêtre de l'endroit, qu'il lui offrit un bel encensoir en argent.

Le lendemain, nos voyageurs continuèrent leur route vers le mont Gargan. Gérard, bien qu'épuisé de fatigue, voulut faire l'ascension à pied, en l'honneur de l'archange. Arrivé à la sainte grotte, chacun se mit en devoir de satisfaire longuement sa dévotion. Mais au moment de se retirer, on trouva Gérard ravi en extase.

Quand il revint à lui : « Ce n'est rien, dit-il : allons réparer nos forces. » Et étant descendu à l'auberge, il fit servir le souper.

La matinée du lendemain fut encore consacrée à prier le glorieux archange. L'heure du dîner étant venue, Gérard dit à ses jeunes compagnons de se mettre à table. A cet ordre ceux-ci se regardent avec étonnement, car ils croyaient que la bourse était vide : « Gens de peu de foi ! leur dit Gérard, allons, mettez-vous à table. » Et remettant de l'argent à l'ermite, il le prie d'aller acheter du pain. Celui-ci descend au rez-de-chaussée, et remonte incontinent. Mais que voit-il ? Une table couverte de poissons, et Gérard distribuant à chacun sa portion. Dieu qui prend soin des petits oiseaux, aurait-il pu oublier ses enfants ? Un témoin rapporte que le bon frère, voyant sa bourse vide, alla se recommander au saint archange. Aussitôt quelqu'un vint à lui et lui remit en main un rouleau d'argent.

Au départ du mont Gargan, l'aubergiste réclama un prix excessif. Gérard, indigné de cette injustice, lui dit : « Si vous ne voulez pas vous contenter de ce qui vous est dû, vous allez être puni : vos mules vont périr. » A peine avait-il achevé ces mots, que le fils de la maison accourt tout éploré : « Venez vite ! criait-il à son père, venez vite ! je ne sais ce qui est arrivé aux mules : elles se roulent par terre d'une manière effroyable. Vite ! vite ! » L'hôte pâlit, et tout épouvanté, il se jette aux pieds de Gérard : « Je vous pardonne, dit le saint, mais n'oubliez jamais que Dieu est avec ses pauvres. Malheur à vous, s'il vous arrive encore de demander plus qu'on ne vous doit ! » Il s'approcha alors des mules, fit sur elles le signe de la croix, et les guérit à l'instant. Puis, après avoir payé l'aubergiste, il s'éloigna.

L'eau est parfois très rare dans ces contrées d'Italie Or, il y avait, au pied du mont Gargan, un propriétaire qui poussait la dureté jusqu'à refuser l'eau de son puits aux pèlerins altérés. Nos jeunes voyageurs lui en ayant demandé, il refusa net de leur en donner. Après d'inutiles instances, Gérard lui dit avec force : « Vous refusez de l'eau à votre prochain que vous devez aimer comme vous-même ; eh bien, le puits à son tour vous la refusera. » Là-dessus il part, et aussitôt le puits se dessèche. A cette vue, l'aubergiste accourant en toute hâte, conjure Gérard d'avoir pitié de lui: « Ah ! revenez, disait-il d'une voix suppliante, revenez, et vous aurez à boire, vous tous et toutes vos bêtes. — Par charité, mon frère, répondit Gérard, ne refusez jamais plus à personne l'eau qui appartient à tout le monde ; sinon Dieu vous la refusera à vous-même. » Cet homme le promit de tout cœur. Alors, sur l'ordre du bienheureux, l'eau reparut dans le puits, et ses compagnons purent se désaltérer à leur aise.

Ce ne furent pas là les seules merveilles du retour. La petite caravane avait faim, et les vivres manquaient. Gérard, toujours confiant dans la Providence, se met à former un bouquet de fleurs, et va le placer devant le saint Tabernacle dans je ne sais quelle église, en disant à JÉSUS-CHRIST : « Seigneur, ma petite famille n'a rien à manger. » Bientôt se présentent deux servantes venant offrir à nos voyageurs affamés deux paniers remplis de comestibles. Ils purent ainsi réparer leurs forces et gagner la ville de Foggia, où un bienfaiteur leur offrit l'hospitalité.

Le lendemain, ils allèrent visiter le célèbre sanctuaire de la Vierge Couronnée, situé à deux lieues de Foggia. A peine Gérard eut-il vu l'image de celle qu'il appelait « son unique joie », qu'il entra en extase. Dès qu'il reprit ses sens, on lui demanda ce qu'il avait : « Rien, répondit-il, c'est une infirmité à laquelle je suis sujet. »

En passant par Troie, ils allèrent aussi vénérer un Christ miraculeux, d'un aspect si touchant qu'on ne pouvait le contempler sans émotion. Gérard, l'amant du Crucifié, en le voyant, éprouva des transports d'amour visibles à tous.

Ainsi ce pèlerinage ne fut qu'une longue chaîne de prodiges ; il dura neuf jours, et nos pèlerins rentrèrent au couvent, la bourse mieux garnie qu'à leur départ.

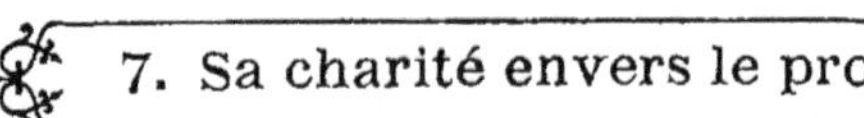

7. Sa charité envers le prochain.

L'AMOUR de Dieu et l'amour du prochain sont inséparables : ce sont deux ruisseaux provenant d'une même source. Aussi l'apôtre saint Jean ne craint pas de dire : « Si quelqu'un assure qu'il aime Dieu, et

n'aime point son prochain, c'est un menteur. » (I Joan.,
4, 20.) Gérard accomplit le précepte de la charité d'une
manière parfaite. JÉSUS-CHRIST présent dans l'Eucharistie et JÉSUS-CHRIST présent dans les malades et les
pauvres, tels étaient les deux grands attraits de son
cœur. « Les infirmes et les nécessiteux, disait-il, sont
le Christ visible ; le Saint-Sacrement est le Christ invisible. »

Cette charité surnaturelle le rendait tout dévouement
pour ses confrères avant tout. «Quand je verrai un Père
ou un frère dans le besoin, disait-il, je quitterai tout pour
lui venir en aide. » Durant un hiver rigoureux, il céda
son gilet à un confrère, ne gardant pour lui qu'une
légère soutane. Céder aux autres tout ce qu'il y a de
plus commode, était une de ses maximes favorites. Il
avait pris la résolution de visiter plusieurs fois par jour
ses confrères malades, et tenait à leur rendre tous les
services imaginables.

Dès les premiers jours de son arrivée à Caposèle, il
se mit à la disposition du Frère Pierre Picone, jeune
étudiant qui se mourait de phthisie, et il sut tellement
gagner ses bonnes grâces que le malade ne savait plus
se passer de lui. Une nuit, entre autres, il pria le Frère
Nicolas qui le veillait, d'aller chercher le Frère Gérard
pour venir l'aider. Le Frère Nicolas jugea bon de
refuser, parce qu'il était minuit. Mais quel ne fut pas
son étonnement de voir aussitôt Gérard venant offrir
ses services au cher malade, qui eut la consolation de
mourir quelques jours après entre les bras d'un saint.

Doué d'une âme tendre et compatissante, le bienheureux eût voulu prendre sur lui les maux et les peines de
ses frères. Pendant son séjour à Naples, le Père Margotta
passa par le creuset des plus pénibles désolations intérieures. Un jour qu'il était plus affligé qu'à l'ordinaire,
il dit au Frère Gérard : « Allons ensemble à l'église
Saint-George prier Notre-Dame de la Puissance. —
Oui, allons-y, dit le frère, mais vous n'obtiendrez pas
maintenant la grâce que vous désirez. » Le Père revint,
en effet, à la maison plus accablé qu'auparavant. Sur
ces entrefaites, Gérard fut transféré de Naples à Caposèle. Un jour qu'il était occupé à écrire une lettre,
Santorelli entre dans sa chambre. Le bon frère lui dit :

« J'écris au Père Margotta pour lui donner avis qu'il est délivré de sa peine et pour m'en réjouir avec lui. » Ce jour-là même, les peines de ce saint prêtre cessèrent ; mais, ô merveille de charité ! ce même jour aussi, Gérard devint pâle, triste, abattu. Le Père Recteur lui en demanda la raison : « N'ayant pas le courage de voir souffrir plus longtemps notre Père Margotta, répondit-il, je me suis offert à JÉSUS-CHRIST pour souffrir à sa place. »

Cette charité si compatissante, il la signala, aussi bien envers les étrangers qu'envers les nôtres. Il aimait à répéter : « Je donnerais mille fois ma vie, si la chose était possible, pour rendre service à mon prochain. » Un chanoine de Melfi tomba dangereusement malade dans notre maison d'Ilicéto. Gérard lui prodigua les soins les plus assidus, ne le quittant ni le jour ni même la nuit. Le malade ne se doutait nullement de cette dernière attention. Une nuit, s'étant réveillé, quel ne fut pas son étonnement de voir Gérard, qui le veillait plein de sollicitude ! Cette admirable charité fit tant d'impression sur lui qu'il ne cessa de publier toute sa vie la sainteté du serviteur de Dieu.

Pendant son séjour à Naples, Gérard se rendait souvent à l'hospice des Incurables. Une mère n'est pas plus tendre pour son enfant, qu'il ne l'était à l'égard des membres souffrants de JÉSUS-CHRIST. On ne pouvait le voir, sans être ravi, allant d'un lit à l'autre, animant les uns à la patience, disposant les autres à la mort, prodiguant à tous les soulagements qui étaient en son pouvoir.

Les aliénés eux-mêmes furent l'objet de sa charité. Il consolait ces infortunés avec tant de bonté que, dès qu'ils le voyaient arriver, ils couraient tous, pleins de joie, à sa rencontre : « Mon Père, lui disaient-ils, vous êtes si bon ! demeurez toujours avec nous, ne nous quittez plus ; non, nous ne voulons pas que vous partiez ; les autres ne nous disent pas de si belles choses que vous ; votre bouche est une bouche de paradis, et nous voudrions toujours vous entendre. »

Que de fois il vint en aide au prochain, au risque de sa vie. Se rendant un jour de Melfi à Atella avec quelques ordinands, il rencontra plusieurs ouvriers qui ne pouvaient se rendre à leur travail à cause de la crue d'une rivière. Que fait Gérard ? Traversant le torrent à cheval, il les passe en croupe les uns après les autres. A ceux qui lui criaient de ne pas s'exposer ainsi, il répondait : « Amour du prochain ! » Et, comme pour encourager sa monture : « Allons, mon cheval, disait-il, faisons plaisir à notre Dieu. » Arrivé à une autre rivière qui roulait de grosses eaux, il passa les jeunes clercs de la même manière, allant et revenant les chercher jusqu'au dernier.

Rencontrant un jour un vieillard d'Ilicéto qui portait sur la tête une pesante charge de bois, ce très charitable frère lui prit son fardeau, et ne voulut s'en dessaisir que devant la chaumière du pauvre. Il rendit le même service à une vieille femme qui montait la côte de Sainte-Agathe, portant sur la tête un lourd panier de linge humide. Malgré la répugnance qu'il éprouvait d'entrer en ville en cet état, il voulut passer par le milieu du marché, et ne déposa le panier que devant la maison de la pauvre femme.

La misère du pauvre lui transperçait le cœur. On le vit plusieurs fois se dépouiller de sa chaussure pour la donner à quelque mendiant. C'est sans doute à cette tendre commisération pour les infirmités humaines, qu'il faut attribuer le don des miracles dont le divin Maître gratifia si largement son fidèle serviteur. Voir des misères et ne pouvoir les soulager eût été une chose trop pénible pour le cœur de Gérard.

Lorsqu'il fut fixé à la maison de Caposèle, on lui confia la charge de portier. Heureux d'être choisi pour cet emploi, il s'écria : « Cette clef sera pour moi la clef du paradis. » Cette fonction lui était surtout chère parce qu'elle comprenait le soin des pauvres, qu'il vénérait comme ses seigneurs et les tendres amis du Christ. Malgré qu'il s'en présentât chaque jour une multitude, il avait l'art si difficile de les contenter tous. Jamais leurs supercheries, ni leurs impertinences, ne purent lasser sa patience. Il savait bien qu'on le trompait souvent en se présentant plusieurs fois, mais il faisait semblant de ne pas s'en apercevoir, et connaissant la misère de ces infortunés, il disait : « Ce sont des larcins qui nous rendent chers à JÉSUS-CHRIST. »

On admirait surtout sa charité pour ceux que la maladie empêchait de se présenter à la porte. Lorsqu'ils envoyaient leurs enfants, ou tout autre parent, pour recevoir quelque chose, il avait toujours soin de les satisfaire. Il aurait même voulu rester à jeûn, afin de pouvoir les soulager. Dieu se plut à montrer par des miracles combien cette charité lui était agréable. Un matin, à mesure que les pauvres arrivaient, Gérard courait à la cuisine prendre leur part. Le cuisinier, voyant qu'il ne finissait pas, lui dit : « Que faites-vous donc ? Que restera-t-il pour la communauté ? — Dieu y pourvoira, » répondit le bon frère. Le cuisinier mécontent répétait : « Nous verrons comment cela finira.» L'heure du dîner étant venue, il trouva, à son grand étonnement, que la portion, bien loin de manquer, s'était multipliée, car toute la communauté put être abondamment servie, et il resta même de quoi rassasier encore bien des pauvres.

Lorsque Gérard ne trouvait pas à la cuisine de nourriture convenable aux malades, il leur envoyait du pain blanc avec un peu de fromage, afin qu'ils pussent se restaurer. Il recourait même pour eux au gardemanger, et quand il y trouvait des douceurs, il les leur envoyait tout joyeux, répétant souvent avec l'accent le plus tendre : « Nous devons tout sacrifier pour le pauvre, qui est l'image vivante de JÉSUS-CHRIST. » Pour satisfaire sa charité, Gérard avait à Caposèle un moyen qu'il n'avait pas à Ilicéto. La maison se trouvant mieux placée, au centre des populations, il pouvait plus facilement visiter les infirmes lorsqu'il devait sortir pour les commissions. Sa seule présence suffisait pour les consoler et les porter à se résigner à la volonté de Dieu.

La charité du bon religieux ne se bornait pas à soulager les indigents ordinaires. Que de pauvres honteux, que de veuves, que d'orphelins, que de gens mariés, que d'ouvriers sans travail, recouraient à lui pour être assistés dans leur misère ! A combien de jeunes personnes ne vint-il pas en aide, afin qu'elles pussent se marier honnêtement, ou même entrer au couvent ! La Providence ne manqua jamais de le seconder dans ses pieux et charitables désirs.

 **8. Sa charité dans une affreuse disette.** 

GÉRARD signala singulièrement sa charité envers les pauvres pendant l'hiver de 1754 à 1755. Les gelées, les neiges et les froids excessifs de cette année mirent les ouvriers hors d'état de gagner leur pain, et la famine se fit rigoureusement sentir à Caposèle, pays de montagnes. Chaque matin, plus de deux cents affamés se présentaient à la porte du couvent, hommes, femmes, vieillards. Le Père Cajone, recteur, touché de cette misère extrême, fit un jour venir le Frère Gérard, et lui dit : « Je vous charge de pourvoir aux besoins de ces malheureux ; leur sort est entre nos mains ; si nous ne les secourons pas, il faut qu'ils meurent. Je vous donne pleine autorité sur tout ce qui se trouve dans la maison ; disposez-en comme vous le voudrez. » Ces paroles mirent Gérard au comble de la joie, et il ne négligea rien pour venir en aide aux nécessiteux.

Il trouva que la circonstance était favorable pour distribuer l'aumône spirituelle, en même temps que l'aumône corporelle. Il se mit donc à faire à ses chers protégés des instructions familières, appuyant toujours sa doctrine d'exemples édifiants. Quand on apprit qu'il faisait ainsi des catéchismes, bien des personnes aisées voulurent y assister ; et l'on vit même des dames nobles se mêler au pauvres pour l'entendre parler des choses de Dieu. Le soin principal du charitable frère était de préparer les âmes à bien se confesser. Il ne cessait de prier le Seigneur de toucher le cœur des endurcis et de leur épargner les châtiments de sa juste vengeance. Son zèle et ses prières furent si agréables à Dieu, qu'on voyait tous les jours, au sortir de ses instructions, des personnes touchées par la grâce aller se jeter aux pieds des confesseurs. Parmi les conversions qu'il fit, on cite une jeune fille qui vivait depuis long-temps dans l'habitude du péché et dans le sacrilège. Elle avait eu l'adresse jusque-là de tromper les confesseurs, qui la considéraient comme une sainte. Gérard, la voyant un jour mieux disposée qu'à l'ordinaire, à la suite de ses instructions, lui fit reconnaître le danger de son état, puis l'adressa au Père Fiocchi, à qui elle se confessa avec un torrent de larmes. Elle devint dès lors pour toute la ville de Caposèle un vrai modèle de piété et de pénitence.

Cependant les rigueurs du froid et de la famine se faisaient chaque jour plus vivement sentir. Gérard était tellement ému de pitié pour ces braves ouvriers qui venaient à lui comme à leur père, qu'il tenait allumés plusieurs grands foyers dans le vestibule de la maison pour les réchauffer. Il montrait une tendresse particulière aux petits enfants, et il disait en les montrant aux plus âgés : « C'est nous qui avons péché, et ces chers innocents doivent en porter la peine ». Là-dessus il fondait en larmes ; puis, prenant les mains de ces pauvres petits, il les réchauffait dans les siennes, considérant en eux l'image de JÉSUS-CHRIST souffrant pour les péchés des hommes.

Le saint frère se mit aussi en devoir de vêtir ces infortunés grelottant de froid. Fort de la permission qu'il avait reçue, il visita le vestiaire et le dépouilla de tout ce qu'il crut devoir leur servir. Pendant ce rigoureux hiver, le Père Recteur le trouva un jour n'ayant sur le corps que la soutane et la chemise, parce qu'il avait donné aux chers pauvres du bon Dieu son gilet et sa capote.

Non content de réchauffer et de vêtir les membres de JÉSUS-CHRIST, le bienheureux voulut les nourrir, et il le fit avec la générosité d'un homme qui ne doute jamais des trésors de la divine Providence. Le Seigneur prouva maintes fois combien cette confiance lui était agréable.

« Trois ou quatre fois, raconte le Père Cajone, Gérard vint m'apporter une somme considérable, en me disant qu'il l'avait trouvée dans la boîte de la porte. D'où provenait cet argent ? C'est le secret de Dieu et de ce bon frère, car pour moi, je l'ignore. »

Les vivres se multipliaient visiblement dans ses mains. Le boulanger s'aperçut, un soir, que Gérard avait distribué tout le pain, en sorte qu'il n'en restait plus une miette pour la communauté. Il alla donc se plaindre au Père Recteur. Le Père Cajone ayant fait venir le coupable, lui reprocha ses largesses intempestives, vu que l'heure avancée ne permettait plus d'aller

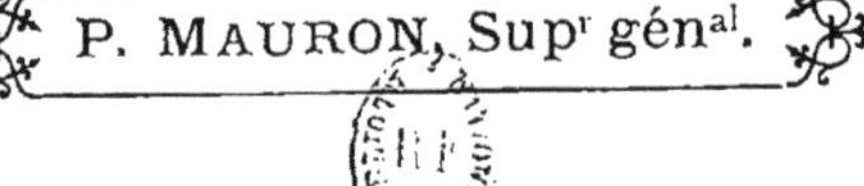
P. MAURON, Sup^r gén^{al}.

acheter du pain en ville : « Ne craignez rien, mon Père, répond l'ami des pauvres, le bon Dien aura soin de nous ». Et se tournant vers le boulanger : « Mon frère, lui dit-il, allons voir : il y en a peut-être encore.» Le boulanger, tout en assurant qu'il n'y en a plus, ouvre l'armoire : elle en était toute remplie. « Oh ! s'écrie Gérard, que Dieu soit à jamais béni ! » Et, sur-le-champ, il s'enfuit à l'église pour remercier Dieu. L'autre frère, ébahi, et s'adressant au Père Cajone qui était survenu : « O mon Père, s'écrie-t-il, Gérard est un vrai saint. Je vous assure qu'il n'y avait plus un seul pain, et maintenant nous en trouvons en quantité.C'est Dieu qui a fait cela!—Oui,répond le Recteur,c'est Dieu. Véritablement le Seigneur joue avec le Frère Gérard.»

Ce fait se reproduisit bien des fois. Un de nos étudiants assista un jour à une distribution de pain. Or, il affirma que les paniers, immédiatement après avoir été vidés, se trouvaient tout à coup remplis, sans que personne y eût déposé quoi que ce soit. Un autre raconta de même qu'ayant distribué de ses propres mains tout le pain contenu dans une grande caisse, et la rouvrant peu après sans réflexion, il la trouva de nouveau remplie. Certes,si Dieu n'y eût ainsi pourvu, les provisions de la maison eussent été de beaucoup insuffisantes pour sustenter tant de pauvres ouvriers, pendant une famine qui dura plusieurs mois.

Heureusement que Gérard, le Père des pauvres, ainsi qu'on l'appelait, était là. Le médecin Santorelli l'avertit un jour d'user de discrétion dans ses aumônes, et de ne pas donner du pain à tous indistinctement, mais seulement aux vrais nécessiteux. « Il faut, lui répondit Gérard, en donner à tous, puisque tous en demandent pour l'amour de JÉSUS-CHRIST ; autrement JÉSUS-CHRIST ne multiplierait plus le pain. »

Cependant les provisions du grenier étaient presque épuisées. Le Père Recteur, pour ne pas tenter Dieu, crut devoir modérer les largesses du charitable frère. « Soyez sans inquiétude, mon Père, lui dit Gérard ; Dieu y pourvoira. — Vous voulez donc des miracles à toute force, » réplique le Supérieur. Et ayant ainsi parlé, il va inspecter le grenier. O bonté de la Providence ! il regorgeait du plus pur froment.

Un jour de fête, il vint à Gérard l'idée de faire un régal à ses amis les pauvres. Il demande donc le secours des autres frères, prend une bonne quantité de farine et se met avec eux à faire des macaronis. Après en avoir cuit une forte provision, il se prépare, ivre de joie, à les distribuer. Mais telle était la multitude des convives, que la portion préparée était évidemment insuffisante. Le bienheureux, sans se déconcerter, commence sa distribution avec confiance, et bien loin de se voir à court, il lui resta du surplus en surabondance.

Voici qui est plus merveilleux encore. Une dame, pressée par la faim, entra un matin dans le vestibule avec les pauvres, mais retenue par la honte, elle se tint à l'écart, sans oser se présenter. Gérard, ayant achevé sa distribution, allait se retirer, ne soupçonnant pas que cette personne fût dans le besoin. Il n'était pas rare, en effet, que des gens de condition assistassent, par dévotion, aux instructions du saint frère, et voulussent jouir du beau spectacle de sa charité. Cependant, quelqu'un fit remarquer cette personne au charitable portier, mais tout était distribué. « O Dieu ! s'écria Gérard avec émotion, et pourquoi ne me rien dire ? » Il réfléchit un instant, puis rentre à la maison, et, revenant aussitôt sur ses pas, il tire des plis de son vêtement un petit pain tout chaud, comme s'il sortait du four. Or, en ce moment, le four était froid, et ce petit pain ne ressemblait nullement quant à la forme, à ceux que l'on mangeait dans la communauté.

Deux filles d'un honnête artisan reçurent aussi, dans les mêmes circonstances, deux petits pains miraculeux. D'ailleurs, on doutait si peu de ces merveilles, que des gens aisés de Caposèle envoyaient leurs enfants se mêler aux pauvres pour recevoir un petit pain blanc du paradis.

 9. Sa charité envers ses ennemis. 

LE comble de la charité, c'est d'aimer ses ennemis et de leur faire du bien. Ce fut la conduite de Gérard.

La route allant d'Ilicéto à Foggia passait au milieu

des terres du duc de Bovino. Le seigneur, ne voulant plus voir son domaine ainsi coupé, ordonna à ses gardes d'empêcher le passage. Un jour, Gérard revenait de Foggia; ignorant la défense, il suivit l'ancienne route, à l'ordinaire. Le garde pour lors en fonction était un monstre de cruauté. Dès qu'il voit l'humble frère, il se jette sur lui, et l'accable de si violents coups de crosse de fusil, que le pauvre religieux, tout meurtri, est renversé de cheval. Néanmoins ce barbare continue à le maltraiter, en lui enfonçant le fusil dans les reins et dans la poitrine. « Il y a longtemps, s'écrie-t-il, que je cherche un moine pour assouvir ma haine. Oh! que tu viens à propos! » Gérard se met à genoux du mieux qu'il peut, le prie d'avoir pitié de lui, alléguant qu'il ne savait pas que ce chemin fût interdit. « Point d'excuses, » s'écrie le garde encore plus furieux ; et il continue de frapper sans merci. « Frappez, mon frère, dit alors Gérard, frappez, car vous avez raison ; » et il ne cesse de répéter, les mains jointes : « Frappez, car vous avez raison. »

Le garde, confus d'une telle patience, rentre en lui-même, et s'écrie : « Oh! qu'ai-je fait? J'ai tué un saint! » Il se jette à son tour aux pieds de Gérard pour lui demander pardon. Celui-ci l'embrasse, en lui renouvelant ses excuses sur son délit involontaire ; puis, se sentant hors d'état de remonter à cheval, il prie son meurtrier de l'aider et de vouloir bien se mettre en croupe pour le soutenir jusqu'au couvent. En chemin il ne proféra aucune plainte, mais il chercha à convertir son bourreau, en lui représentant quel mal c'est qu'un Dieu offensé et un enfer mérité. Arrivé à demi mort au couvent, le saint rédemptoriste avoua bien qu'il était tombé de cheval, mais il ne dit pas un mot des mauvais traitements qu'il avait essuyés. Au contraire, et c'est ici qu'éclate sa grande vertu! il fit bien traiter le garde « pour la charité, disait-il, dont il avait usé à son égard. » Cependant la justice de Dieu ne laissa pas le coupable impuni ; car, peu de temps après, on apprit que, dans une semblable circonstance, il avait péri d'un coup de feu.

Gérard pleura en apprenant cette nouvelle, comme s'il s'était agi de la mort d'un ami intime ; mais sa poitrine resta si affectée des coups qu'il avait reçus, qu'il demeura sujet à des crachements de sang. Dur pour lui-même autant qu'il était bon pour les autres, il ne s'inquiétait guère de son mal ; il n'en parlait même jamais. Un frère le surprit un jour, par hasard, au milieu d'une hémorragie. Comme il voulait aussitôt avertir le supérieur : « O mon frère, lui dit le bienheureux avec un ineffable accent d'humilité, n'en dites rien, je vous en prie ; car bien des fois j'ai eu de pareils accidents, et jamais je n'ai cru devoir en parler à personne. »

10. Sa profonde humilité.

ON ne peut élever l'édifice d'une haute vertu que sur le fondement d'une profonde humilité. La vie de Gérard le prouve : ses confrères l'appelaient à l'envi l'idéal de l'humilité. « Gérard, nous raconte l'un d'eux, s'estimait le pire et le dernier des frères ; il s'appelait un misérable, un pécheur, un néant. » Plein d'horreur pour lui-même, il se considérait comme un monstre, que la terre eût dû engloutir. Il recherchait avidement les emplois les plus abjects, et les remplissait avec joie, comme de soigner les animaux et de renouveler leur litière en enlevant le fumier. Abordant un jour l'évêque de Melfi qui désirait vivement le voir, il lui dit : « Hélas ! que suis-je, pour que Mgr veuille me parler ? Je ne suis qu'un ver de terre, un pécheur, un misérable, qui a besoin de toute la miséricorde de Dieu. »

Parmi tous ses miracles, le plus grand fut son humilité au milieu des honneurs. Peu de saints furent favorisés de dons aussi extraordinaires, et cependant jamais il n'en tira la moindre vanité. C'était là ce qui impressionnait le plus ceux qui avaient le bonheur de l'approcher. Il avait horreur des louanges, et l'ombre de l'estime le forçait à fuir et à se cacher. Il eût désiré mener une vie tout obscure. Arrivant un jour dans une localité où il était inconnu, il s'écria en tombant à genoux et ne soupçonnant pas qu'on pût l'entendre : « Seigneur, je vous remercie de ce qu'ici personne ne me connaît. »

Les seigneurs de Philippi de Sérino ayant appris les merveilles qu'il opérait partout, conçurent un vif désir de le voir. Le saint frère, qui le savait, passant un jour par Sérino, descendit à l'auberge. Dès que ces seigneurs, qui nous étaient tout dévoués, apprirent qu'un rédemptoriste se trouvait dans la localité, ils l'envoyèrent aussitôt chercher. Gérard se rendit donc au château, mais il sut si bien se déguiser, qu'ils ne soupçonnèrent même pas qu'il fût ce frère dont on leur avait dit de si grandes choses.

Dans son humilité, il portait envie aux humbles et aux petits, que les mépris du monde rendent plus semblables à JÉSUS-CHRIST. Voyant un jour un pauvre messager tout trempé par la pluie et couvert de boue : « J'achèterais à tout prix, s'écria-t-il, la condition de ce pauvre homme qui, pour un morceau de pain, doit s'exposer aux rebuts et aux mépris de tout le monde, tandis que moi !!! » et, sans achever, il fondit en larmes.

La pierre de touche de l'humilité, ce sont les humiliations et les mépris. Un jour que Gérard se trouvait à Naples, il se vit insulté de la façon la plus grossière par un lazzarone, et comme on voulait faire un mauvais parti au coupable, il intercéda pour lui : « Oh ! ce n'est rien, disait-il, je suis un pécheur, un misérable ; il a voulu plaisanter un peu. » Un chanoine de Conza, nommé Camille Bozzio, mit un jour la vertu du saint frère à l'épreuve. Il prêchait le carême à Atella, lorsque Gérard y vint aussi. Le trouvant à la sacristie, au milieu de prêtres et de laïques qui l'écoutaient comme un oracle, il lui dit à bout portant et d'un air de mépris : « Que venez-vous débiter ici ? Vous n'êtes qu'un frère ignorant, et vous voulez faire le théologien... Je vous regarde comme un homme vain et hypocrite. » Ces paroles, quelque humiliantes qu'elles fussent, loin d'enlever au frère sa douce sérénité, le remplirent de joie. Le chanoine, aussi bien que Gérard, logeait dans la maison de Grazioli. Or, ce jour-là même, le prédicateur, entrant par hasard dans la chambre du serviteur de Dieu, le trouva en extase et élevé de terre.

Un jour, le Père Fiocchi s'entretenant au parloir avec les Carmélites de Ripacandida, se tourna tout à coup vers Gérard qui l'accompagnait : « Allez-vous-en d'ici, visage de démon, » lui dit-il. L'humble religieux quitta le parloir sans mot dire. Alors le Père exprima devant les religieuses la profonde vénération qu'il avait pour celui qu'il venait d'humilier ainsi, et leur dit : « Oh ! comme ce frère ressemble au divin Maître ! Vraiment il a la face de JÉSUS crucifié. »

Cette humilité ne brilla pas moins à Naples, au milieu du concours qui se faisait autour de sa personne. Un matin qu'il était seul à la maison, un domestique en livrée vient le prier d'envoyer le Frère Gérard chez la duchesse de Maddaloni. Voyant que le messager ne le connaissait pas : « Je ne comprends pas, répondit-il, comment on peut rechercher ce frère, qui n'est qu'un niais et un demi-fou. On se trompe étrangement sur son compte à Naples. Avertissez-en la duchesse. » La noble dame comprit qu'une telle réponse ne pouvait provenir que de Gérard lui-même. Le lendemain, elle se rendit à l'église où le bienheureux avait la coutume d'entendre la messe. Dès qu'elle le vit, elle le supplia de guérir son enfant qui était malade : — « Voilà, lui dit Gérard en lui montrant le Saint-Sacrement, voilà celui qui dispense les grâces ; » et il promit de le prier pour l'enfant. La duchesse était encore à l'église, que déjà on venait lui dire que l'enfant était guéri.

Comme préservatif de la vaine gloire, l'humble fils de saint Alphonse aimait à se mêler aux pauvres, pour mendier avec eux un morceau de pain. On le vit plus d'une fois tendre la main à la porte du séminaire de Muro, sa patrie, et chez les religieux de l'Oratoire à Naples. Il fallut que l'obéissance lui fît renoncer à ce métier.

11. Sa mortification.

L'HUMILITÉ conduit à la haine de soi-même. Gérard se fit son propre bourreau.

Il déclara toute sa vie à la sensualité de la bouche une guerre acharnée. Il prenait à peine deux onces de pain par jour, et lorsqu'on le contraignait de manger de quelque mets, il avait soin de l'assaisonner de poudres amères. « L'amour de Dieu, disait-il, n'entre

point dans l'âme, si le corps est trop bien nourri. »
Pendant le repas, il paraissait tout absorbé en Dieu.
On l'y voyait parfois hors de lui-même, tenant le pain
d'une main, la fourchette de l'autre, les yeux baignés
de larmes, et comme ravi en extase. On peut dire qu'il
porta jusqu'à l'excès la mortification de la bouche.
Etant à Melfi avec le Père Etienne de Liguori, il ne
put empêcher qu'on ne s'aperçût de son adresse à
mettre des poudres amères sur ce qu'on lui servait.
Son compagnon essaya quelques macaronis ainsi as-
saisonnés, mais il les trouva si amers, qu'il dut les re-
jeter au plus vite. Cet amant passionné de la croix
avoua un jour à son ami Santorelli qu'il avait supplié
le Seigneur, pendant trois années entières, de lui enlever le sens du goût, et qu'enfin il avait été exaucé ;
« de sorte que la courge, disait-il, a pour moi autant
de saveur que le poulet ».

« Ne rien demander, » tel était la maxime de « ce
prodige de mortification. » Quand il rentrait à la maison, harassé de fatigue, trempé de pluie ou de sueur, il
ne demandait rien. Ce parfait renoncement à lui-même
lui valut bien des mortifications. On l'envoya un jour
à Accadia, distant de plusieurs lieues d'Ilicéto ; il partit
à l'instant même sans déjeûner, mais il tomba en défaillance en arrivant.

Cette vertu le conduisit à la perfection de la pauvreté évangélique. Il voulait être le plus mal nourri, le
plus mal vêtu, le plus mal logé de tous. Les restes de
table étaient son mets de prédilection. Il recherchait
les habits les plus usés, bien qu'il se fît une vertu
d'être toujours très propre. A Ilicéto, il se choisit pour
cellule une alcôve, où ne pénétrait jamais un rayon
de lumière. Son lit, ou pour mieux dire sa torture,
était une paillasse que l'alcôve pouvait à peine conte-
nir. Deux tuiles lui servaient d'oreiller. Un frère eut
un jour la curiosité d'examiner cette couche ; il la
trouva remplie de pierres et d'épines, et entourée de
têtes de morts. Quand on lui demandait pourquoi il
se martyrisait de la sorte : « Je le fais, répondait-il,
parce que je le mérite ; je le fais pour mon Dieu et
mon Créateur. »

Lorsqu'on lui assignait une cellule ordinaire, à peine

en usait-il, car il la cédait à quiconque venait loger au couvent. Il prenait alors son repos sur le plancher, ou dans l'écurie couché sur la paille. Souvent même, à Ilicéto, il allait dormir sous le maître-autel, qui était creux à l'intérieur. Dans cette couche si délicieuse pour sa piété, il lui arriva un jour une aventure assez plaisante. Après avoir vraisemblablement passé en prière la plus grande partie de la nuit, il s'endormit si profondément, qu'il ne se réveilla qu'au *Sanctus* de la première messe. Celle-ci fut suivie d'une seconde, puis d'une troisième ; en sorte que Gérard, pour ne pas trahir sa mortification et pour ne pas étonner les fidèles, ne put sortir de sa cachette que lorsque toutes les messes eurent été célébrées.

On l'obligea plus tard à faire usage d'une paillasse ordinaire, mais il obtint de son directeur, à force d'instances, de dormir trois fois la semaine sur une planche, avec deux tuiles pour oreiller, une grosse pierre suspendue aux pieds, et le front ceint d'une chaînette de fer. Hors du couvent, il couchait sur la terre nue, mais il avait soin de mettre les draps de lit en désordre pour dissimuler sa mortification.

Les instruments dont il se servait pour crucifier sa chair faisaient horreur à voir. Il se flagellait une ou deux fois le jour avec un faisceau de cordes humides. Le vendredi et les veilles de fêtes, il se flagellait jusqu'à l'effusion du sang, avec une discipline armée de douze étoiles d'acier aux pointes aiguës ; en sorte que son corps était toujours en plaie. Il portait presque continuellement autour du corps une large chaînette de fer armée de pointes. D'autres chaînettes semblables enserraient ses bras et ses jambes. Il ne savait quel supplice inventer pour se martyriser.

Jésus crucifié était son grand livre, et plus il le lisait, plus il devenait impitoyable pour lui-même. Nous avons vu à quels excès le porta la sainte folie de la croix. L'amour du divin Crucifié le passionnait tellement pour les souffrances, qu'il eût voulu reproduire chaque jour en lui-même les horribles scènes de la Passion. Nul doute qu'après sa profession il n'ait bien des fois sollicité la permission de renouveler les barbares tourments auxquels il s'était soumis à Muro pendant sa jeunesse, et à Ilicéto pendant son premier et son second noviciat, mais il ne paraît pas que cette permission lui ait été accordée.

 12. Sa pureté angélique. 

LES prodigieuses mortifications de Gérard eurent cet heureux effet de conserver sans tache le précieux lis de sa chasteté. Un ange du ciel pourrait seul décrire la pureté de cet ange de la terre. Tous ses directeurs ont attesté qu'il était une des âmes les plus pures, les plus belles, les plus innocentes, les plus privilégiées, que l'on puisse rencontrer en ce monde. Tous ceux qui eurent le bonheur de vivre dans son intimité, l'appelaient un ange terrestre, un modèle d'innocence, un prodige de pénitence, un modèle de toutes les vertus. Sa belle âme se reflète dans ces paroles que nous avons déjà reproduites parmi ses résolutions : « De toutes les vertus qui me sont chères, ô mon Dieu, celle que j'aime avec prédilection, c'est la pureté et la divine candeur. J'espère fermement de vous, ô Pureté infinie, la grâce d'être préservé de toute pensée qui souillerait mon âme. »

Pour conserver ce trésor inestimable, l'angélique Gérard sut unir à la simplicité de la colombe toute la prudence du serpent. Voilà pourquoi il se fit une loi de ne jamais converser seul à seul avec une femme. Il prit même à cet égard des précautions inouïes : « Je dirai, disait-il, un *Ave Maria*, en l'honneur de la pureté de la très sainte Vierge, chaque fois qu'une femme se présentera à mes regards. » Il veillait avec la plus scrupuleuse attention sur son cœur : « Une affection qui dévie tant soit peu de Dieu, disait-il, est un tison d'enfer. Nos affections doivent être très pures : nous devons aimer toutes choses en Dieu. » Il voulut pratiquer le détachement du cœur même envers sa famille, à qui il laissa en partant ce testament : « Je pars pour me faire saint ; oubliez-moi. »

Ce qui ravissait les religieuses dans les rapports de conversations et de lettres qu'il eut avec elles, c'était le profond respect qu'il leur témoignait, voyant en elles des épouses de JÉSUS-CHRIST et des images de la très sainte Vierge. « L'unique raison qui me porte à vous écrire, disait-il un jour dans une de ses lettres, c'est que vous toutes, épouses de mon divin Maître, vous me représentez la divine Mère. »

Il semble que Dieu ait voulu récompenser de diverses manières cette admirable pureté de l'angélique rédemptoriste ; d'abord, en lui dispensant avec une largesse inouïe les dons surnaturels qui rappellent l'innocence originelle du premier homme ; ensuite, en lui accordant le privilège de faire aimer la virginité à tel point, qu'il eut le bonheur d'offrir lui-même à Dieu une foule de vierges ; enfin, en donnant à sa ceinture un pouvoir spécial pour chasser les démons et les maladies.

Dieu montra plusieurs fois, par des châtiments exemplaires, le soin qu'il prenait de l'exquise pureté de son serviteur. Lorsqu'il se rendait à l'église du Saint-Esprit, à Naples, deux femmes de mauvaise réputation ne manquaient pas, chaque fois qu'il passait, d'insulter à son humilité et à sa modestie. Un jour, elles eurent l'effronterie de lui barrer le passage, l'une tenant en main un tambourin, l'autre un instrument de musique. En même temps elles chantaient des chansons obscènes accompagnées de gestes indécents. A cette vue, Gérard s'arrête, indigné : « Vous ne voulez donc pas en finir ? leur crie-t-il d'un ton terrible. Faudra-t-il que vous éprouviez la justice de Dieu ? » A peine a-t-il achevé ces mots, qu'une de ces courtisanes tombe comme foudroyée, et rend le dernier soupir, en s'écriant : « O Madone, je meurs ! O Madone, je meurs ! »

Nous verrons plus loin comment une noire calomnie, lancée contre la réputation du virginal religieux, ne servit qu'à donner à sa vertu un plus vif éclat.

13. Son esprit d'oraison.

GÉRARD sut parfaitement unir les fonctions de Marthe et de Marie, le travail et la prière, la vie active et la vie contemplative. La grâce lui avait donné une telle liberté d'esprit, que les occupations les plus multipliées et les plus fatiguantes ne pouvaient interrompre son commerce avec Dieu. Il priait toujours, et avec une foi tellement vive, qu'on eût dit qu'il voyait le Seigneur. La prière était son attrait, sa vie, sa nourriture, ses délices ; elle était son centre, hors duquel il ne pouvait trouver aucun repos.

« Le travail, dit son historien Tannoya, n'était point pour Gérard un obstacle à l'esprit d'oraison ; car si le jour il travaillait beaucoup, la nuit il se retirait dans l'église, où il fondait en larmes devant le Saint-Sacrement. Comme les exercices de piété prescrits par la règle ne suffisaient pas pour contenter son cœur, il se dédommageait la nuit, en sorte que le matin on le trouvait encore à la place où il s'était mis le soir. D'ailleurs, tout était oraison pour lui. Quelles que fussent ses occupations, toujours il se tenait en la présence de Dieu. Partout et toujours son recueillement était profond, ses oraisons jaculatoires fréquentes et enflammées. JÉSUS et Marie étaient constamment dans son cœur et sur ses lèvres. Parfois il était tellement absorbé en Dieu, qu'on le voyait s'arrêter tout court au milieu du travail. »

Ce recueillement tenait plus du ciel que de la terre. Après sa mort, un de ses confesseurs, le Père de Robertis, ne craignit point d'affirmer que cet admirable religieux ne restait pas un moment, pour ainsi dire, sans penser actuellement à Dieu. Il reçut un jour, au chapitre des coulpes, l'obédience de ne plus penser à Dieu. Mais que pouvait-il contre Celui qui l'attirait irrésistiblement ? Alors, pour ne pas manquer à l'obéissance, il entrait en lutte avec lui-même et avec l'objet de son amour : « O mon Dieu, lui entendait-on soupirer dans les corridors de la maison, ô mon Dieu, je ne veux pas de vous, je ne veux pas de vous. »

En voyage, il se trouvait parfois tellement perdu en Dieu, qu'il oubliait son chemin. Un jour, il fut tout étonné de se trouver à Foggia, au lieu d'être à Melfi, où il devait se rendre.

Le Père Juvénal ne savait assez admirer ce recueillement angélique du serviteur de Dieu. « Lorsqu'il me rendait compte de son intérieur, disait ce sage directeur, Gérard m'avouait qu'il ne pouvait s'empêcher de penser à Dieu, et qu'il lui fallait se faire une violence inouïe pour en écarter le souvenir. »

Tout ce qui l'aidait à penser à son bien-aimé lui était cher. « Mon frère, lui dit un jour d'été le docteur Santorelli, oh ! comme se multiplient les insectes par ces fortes chaleurs. Comment passez-vous la nuit dans leur société ? — Oh ! je leur ai grande obligation, répondit le bienheureux ; ils m'empêchent de dormir, et ainsi je puis continuer pendant la nuit à penser à Dieu. »

Tous ceux qui lui donnèrent l'hospitalité, pensaient naturellement, en le voyant, à ces séraphins toujours en contemplation devant le trône du Très-Haut. Jamais il ne sortait des profondeurs de son recueillement. Ou bien il parlait de Dieu, ou bien il parlait à Dieu. Il embaumait la terre de ses vertus et de sa piété, parce que sa conversation était dans le ciel.

Se trouvant un soir chez don Salvadore, à Olivéto, il se mit à parler des divines perfections avec une science, un amour et un feu tels qu'il semblait être un bienheureux descendu du ciel et tout transformé en Dieu. L'archiprêtre, suspendu aux lèvres de cette âme séraphique, remarqua enfin l'heure avancée de la nuit, et en avertit son hôte. Celui-ci répondit par un profond soupir ; et comme on lui en demandait la raison : « O Dieu ! dit-il, quelle misère que la nôtre, puisque tout le temps que nous donnons au sommeil, nous ne l'employons pas à penser à Dieu, notre bien-aimé Seigneur. »

On peut dire qu'il n'eut d'autre guide, dans les voies de l'oraison, que l'Esprit-Saint lui-même, avec qui il avait contracté, dès son enfance, une alliance sacrée. « Je me choisis le Saint-Esprit, lisons-nous dans ses résolutions, pour unique consolateur et protecteur en toutes choses. Qu'il soit ma défense, et qu'il extermine tous mes défauts. » — « Il ne passait pas un jour, nous dit un des confidents de son âme, que dis-je ? pas une heure sans l'invoquer. Il le faisait surtout lorsqu'on lui demandait conseil ou quand lui-même avait besoin de quelque lumière. La seule pensée du Saint-Esprit ravissait son âme et transfigurait son visage. Mais c'était surtout le jour de la Pentecôte qu'on le voyait transporté d'allégresse. Chaque année, pour mieux se préparer à cette solennité, il redoublait ses jeûnes et ses macérations ; et quiconque l'abordait ce jour-là, ressentait, quelque tiède qu'il fût, les ardeurs du feu qui embrasait son âme. »

De là cet attrait qu'il savait inspirer aux âmes ferventes pour la vie d'oraison. Bien des prêtres, distingués d'ailleurs par leur vie exemplaire et leur zèle pour le salut des âmes, durent aux conseils de notre céleste rédemptoriste cet esprit de prière qui donne à l'apostolat sa fécondité, et aux œuvres chrétiennes la sève divine qui les sanctifie.

Pour cette âme si pure, la nature entière était un poème, où tout chante la gloire et l'amour du créateur ; les étoiles, les collines, les fleurs, les fruits, les oiseaux, les animaux, tout lui parlait de Dieu, tout le ravissait en Dieu. Un jour, il aperçut de loin un coq dans une rue de Caposèle. La vue de cet oiseau au riche plumage élève sa pensée, dilate son cœur : « Viens ici, créature de mon Dieu », lui crie-t-il. Et sur-le-champ, comme s'il avait compris, le coq accourt à ses pieds, battant des ailes, et faisant retentir l'air de son chant joyeux. Gérard le caresse tendrement, et soudain le voilà ravi hors de lui-même pendant une demi-heure.

Les arts, dont le vrai but est d'élever les esprits vers le divin, produisaient sur l'âme si noble et si sensible de Gérard, tous leurs sublimes effets. Que de fois, à la vue d'un Christ taillé par une main habile, ou d'une Vierge artistement peinte, ne le vit-on pas tomber en extase ! Que de fois la musique et le chant ne l'élevèrent-ils pas jusqu'aux concerts des anges !

Parmi les pensionnaires des Sœurs du Saint-Sauveur à Foggia, se trouvait une enfant douée d'une voix angélique. Un jour, elle assista à un entretien que Gérard fit aux religieuses au parloir. Puis, sur les instances du frère, elle se mit à chanter un cantique sur l'amour divin. Aussitôt le serviteur de Dieu devient radieux comme un séraphin, et les mains croisées sur la poitrine, les yeux élevés vers le ciel, il entre en extase.

14. Son obéissance.

TOUS les saints religieux ont excellé dans l'obéissance, mais je ne sais s'il en est un seul qui ait poussé la simplicité et l'héroïsme de cette vertu aussi loin que notre bon frère Gérard. On l'a appelé avec raison le saint de l'obéissance. De même qu'il a cherché, avec une sainte folie, à reproduire en lui la Passion de Notre-Seigneur, de même il a voulu, par cette sainte folie, devenir une copie parfaite de Celui qui a été obéissant jusqu'à la mort, et jusqu'à la mort de la croix. Séraphin terrestre, il avait le même désir que les séraphins célestes : Faire en tout et toujours la volonté de Dieu, se consumer d'amour pour les aimables volontés divines. « O volonté de Dieu ! » aimait-il à répéter, les yeux fixés au ciel et avec un accent d'amour inimitable, « ô volonté de Dieu !... » Il éprouvait le besoin d'obéir, comme les esprits célestes éprouvent la nécessité d'aimer Dieu et de lui prouver leur amour par la promptitude de leur soumission.

Son obéissance était toute surnaturelle : « Mon Jésus, disait-il, par amour pour vous, j'obéirai à mes supérieurs comme à votre divine Personne devenue visible. » Et de fait, si Jésus-Christ en personne lui eût donné des ordres, Gérard n'aurait pu obéir ni plus promptement ni plus parfaitement. Il adorait les volontés de ses supérieurs : « La volonté de mon divin Maître sur moi, disait-il, est identifiée avec celle de mes supérieurs. » De là cette résolution : « Ces mots : Je veux et je ne veux pas, me seront étrangers. Je ne veux qu'une chose : votre volonté, ô mon Dieu, et non la mienne. »

Il voulait pratiquer, non une obéissance tronquée, mais une obéissance totale, complète, universelle. « Pourquoi perdre, disait-il, même dans les plus petites actions, le mérite de l'obéissance ! » Aussi observait-il scrupuleusement les moindres règles, comme s'il se fût agi d'éviter une faute grave : « Celui qui manque dans les petites choses, aimait-il à répéter, s'expose par là-même à manquer dans les grandes ; car Dieu punit les petites fautes multipliées en permettant les lourdes chutes. » C'est pour éviter ce malheur qu'il composa cette prière :

« Donnez-moi, Seigneur, le courage de garder fidèlement votre loi. Hélas ! si j'avais le malheur de m'en écarter un peu, je ne tarderais pas à m'en écarter beaucoup ; car vous permettez que celui qui, de gaîté de cœur, se laisse aller à de légères infractions, finisse par se laisser entraîner à des écarts redoutables. »

Idéal du frère rédemptoriste, tel que le désirait saint Alphonse, le bienheureux ne voulut connaître d'autre code de perfection que ses règles. Il les savait par cœur, tant il était assidu à les lire et à les méditer ! Ses confrères disaient que « si les constitutions de l'Institut venaient à se perdre, le Frère Gérard pourrait les recomposer en entier, sans en omettre une virgule ».

Il obéissait avec la simplicité d'un enfant. Un jour le Père Cafaro lui enjoignit de rendre compte de son intérieur à un frère lai. Il le fit à l'instant, avec autant d'exactitude qu'à son directeur.

Jamais il ne mit le moindre retard à accomplir les ordres qui lui étaient donnés. Un jour, le supérieur d'Ilicéto lui dit de partir pour Ascoli. A l'instant même, le bon frère se mit en route en savates, sans se donner même le temps de se chausser ; ce qui lui valut les moqueries d'une troupe de jeunes gens de cette localité.

Il avait tant de confiance dans l'obéissance, qu'avec elle il ne craignait aucun danger. Un jour qu'il était à Carbonara, le Père Fiocchi l'appela à Melfi. Il tombait en ce moment une pluie diluvienne. Son hôte, Don Antoine de Dominico, voyant qu'on ne pouvait se mettre en route par un tel temps sans courir le risque de périr en traversant les torrents, cherchait à le retenir. Mais l'obéissant rédemptoriste voulut à tout prix partir : « Ainsi le veut l'obéissance, » disait-il. Et comme on lui objectait que l'obéissance devait s'interpréter, Gérard reprit : « Pour l'amour de Notre-Seigneur, n'insistez pas davantage. Je vous déclare que le temps se remettra dès que je quitterai la maison. » Ses hôtes, émerveillés d'une telle vertu, se disaient : « Quelle obéissance admirable ! »

Aussitôt que Gérard se mit en route, la pluie cessa, comme il l'avait prédit. Deux hommes l'accompagnèrent jusqu'au redoutable passage de l'Ofanto. Cette rivière roulait des flots tellement impétueux, qu'ils déracinaient et emportaient des arbres séculaires. Sans se déconcerter, le serviteur de Dieu s'adressant à son cheval : « Passons, dit-il, au nom de la très sainte Trinité. » Il avait déjà franchi la moitié du torrent, lorsque tout à coup un gros arbre s'avance directement vers lui, emporté par un courant rapide. Sans un miracle, c'en était fait de Gérard. Mais lui, faisant le signe de la croix sur l'arbre, l'arrête et passe sain et sauf. En arrivant à Lacédonia, il raconta lui-même le fait à Mgr Amato, en disant : « Voilà ce que fait l'obéissance. »

Toute parole des supérieurs était sacrée pour ce bon religieux, et l'on peut dire qu'il poussa parfois la simplicité de l'obéissance à un degré qui semble plus admirable qu'imitable.

Le supérieur de Caposèle lui dit un jour de l'attendre à un lieu désigné de la maison. Or, il arriva que le Père oublia la chose, et qu'elle ne lui revint en mémoire que bien avant dans la nuit. Le saint frère l'attendait toujours à la même place.

Une autre fois, le Père Cafaro lui dit : « Dès qu'on agitera la sonnette d'entrée, vite, vous laisserez toute autre occupation, et vous irez ouvrir la porte. » Peu d'instants après, on sonne. Gérard occupé à tirer du vin, se rend aussitôt à la porte. Ne pensant qu'à accomplir ponctuellement ce qui lui était commandé, il ne prend même pas le temps de fermer le robinet. Assez longtemps après, le supérieur, soupçonnant la chose, appelle le frère boulanger : « Allez vite à la cave, lui dit-il, peut-être le Frère Gérard n'a-t-il pas fermé le tonneau. » Le tonneau était effectivement resté ouvert ; mais, ô prodige ! pas une goutte de vin n'en était sortie.

Le Seigneur se plut à favoriser cette obéissance de Gérard en lui donnant l'intuition des désirs des supérieurs. Ceux-ci, connaissant ce don particulier du bienheureux, ne manquèrent pas d'en profiter à l'occasion. Ils étaient certains que, de loin comme de près, leurs ordres seraient accomplis.

Un jour, le Père Fiocchi se trouvant à Melfi, chez Mgr Basta, la conversation vint à tomber sur la sainte vie de Gérard. Il y avait longtemps que l'évêque désirait

le voir, et sollicita la faveur de l'envoyer chercher par
exprès. « Il n'est point nécessaire, Monseigneur, reprit
le Père Fiocchi, de l'envoyer chercher. Il me suffit de
lui commander, même à distance, de venir à Melfi, pour
qu'il nous arrive aussitôt. Je pourrai par là vous montrer
jusqu'où va son obéissance. » Là-dessus, le Père se
recueillit en lui-même et ordonna mentalement à Gérard
de venir le rejoindre. A son arrivée, le recteur feignit
de l'accueillir froidement : « Quel motif vous amène
donc ici? lui dit-il. — C'est l'obédience que vous m'avez
donnée, répondit modestement le frère. — Comment !
mais je ne vous ai mandé ici, ni par lettres, ni par
exprès. — Non, sans doute, répliqua Gérard, mais vous
m'avez pourtant donné l'ordre formel de venir vous
trouver. Monseigneur désire me voir. » Cette obéissance miraculeuse pénétra l'évêque de la plus profonde
vénération pour le bienheureux, et il voulut le retenir
chez lui pendant une vingtaine de jours.

Un jour qu'il se trouvait à Corato, Gérard manifesta
soudain à ses hôtes la résolution de partir pour Ilicéto.
On eut beau le conjurer de différer son départ : « Il
faut que je retourne, répondit-il, mon supérieur m'a
rappelé. » On sut plus tard que le Père Fiocchi lui avait
donné mentalement l'ordre de revenir.

Lorsque la volonté des supérieurs lui était signifiée,
Gérard ne doutait de rien, pas même d'un miracle pour
l'accomplir. Rencontrant un jour dans Caposèle une
dame riche, il lui demanda un peu de soie blanche pour
faire un pavillon au Saint-Ciboire. Ne pouvant rien
trouver, cette noble dame conçut le projet de tailler
dans sa robe de noces. Gérard, à qui cette pensée fut
révélée, l'ayant revue le lendemain, lui dit de ne pas
gâter la robe : « Cherchez encore, lui dit-il, vous trou-
verez. » Elle trouva, en effet, le morceau désiré. Mais
le frère étant allé le montrer au Père Recteur, celui-ci
lui dit qu'il devait en confectionner deux pavillons, au
lieu d'un seul. Le pauvre frère eut beau mesurer, la
pièce était insuffisante pour deux ; et cependant le
Père Cajone insistait : « Il faut que vous en fassiez
deux : c'est à vous de vous tirer d'affaire. » Gérard
retourne à son atelier, mesure de nouveau, combine ;
la pièce était trop courte. L'abbé Donato Spicci, témoin

de l'embarras du frère, lui dit : « Personne n'est tenu à l'impossible. — Pour moi, répliqua le saint rédemptoriste, je dois obéir, et comme c'est pour Notre-Seigneur, à lui de remédier au mal. » Là-dessus, il se met en prière ; puis, prenant les ciseaux, il coupe deux magnifiques pavillons, ornés chacun de deux fleurs parfaitement symétriques.

Il attribuait ses miracles à l'obéissance. Se trouvant à Calitri, il fut invité à aller voir un chirurgien très estimé, qui allait mourir. Il s'y refusa d'abord, mais sur l'ordre du Père Margotta, il se rendit auprès du malade, lui fit sur le front le signe de la croix, et le rendit instantanément à la santé. Tous ceux qui étaient présents crièrent au miracle, mais Gérard leur dit avec humilité : « Voilà ce que peut l'obéissance. »

Un homme de distinction de la même ville, frère d'une religieuse, était aussi sur le point de mourir. Le Père Margotta, ému de l'affliction de cette bonne sœur, ordonna à Gérard d'aller rendre visite au malade. Le bienheureux s'y rendit, lui fit sur le front son signe de croix habituel et le rappela ainsi des bords du tombeau. Le malade, après avoir fait une bonne confession, récupéra une santé parfaite.

Deux dames l'abordèrent un jour à Naples. L'une d'elles lui dit en pleurant : « Mon cher frère, venez, je vous prie, et guérissez ma pauvre fille. » Gérard refusa d'abord, mais à la fin, touché des larmes de cette mère, il lui dit : « Oui, j'irai, et je vais de ce pas en demander la permission. » Le saint de l'obéissance ne voulait faire de miracle que par obéissance.

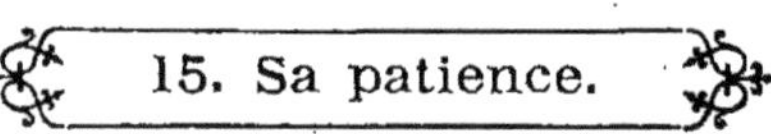

15. Sa patience.

GÉRARD avait pris pour maxime ces paroles : « Je veux tout souffrir pour devenir un saint. » Dieu, qui voulait épurer sa vertu, le prit au mot, et le fit passer par l'épreuve la plus pénible à laquelle un juste puisse être soumis.

Afin de préparer son serviteur à l'immolation, l'Esprit-Saint le mena pour quelques jours en solitude. C'était en 1754. La semaine sainte allait s'ouvrir, et avec elle une série d'extases et de macérations, dont le

St Alphonse de Liguori.

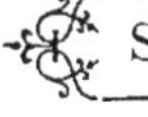

contemplateur de JÉSUS crucifié nourrissait son incomparable ferveur. Que se passa-t-il durant ces jours d'intimité avec le divin Maître ? Gérard l'a révélé dans une lettre qu'il écrivit alors : « J'ai, dit-il, passé ces jours dans une infinie consolation de mon esprit. » Dieu le préparait par l'excès des joies célestes aux excès d'humiliation qui l'attendaient.

Au commencement de 1754, Gérard fit entrer au couvent du Saint-Sauveur, à Foggia, une fille nommée Néria Caggiano. Comme elle paraissait animée d'un grand désir de se consacrer à JÉSUS-CHRIST, il s'interposa auprès de personnes fortunées pour obtenir la dot nécessaire à son admission. Mais vingt jours après son entrée, elle rentra dans le siècle, et retourna à Lacédonia, sa ville natale. Pour justifier son inconstance, elle se mit à diffamer le saint monastère où elle avait été admise ; elle fit plus : elle inventa contre son insigne bienfaiteur, l'angélique Gérard, la plus atroce, la plus infâme des calomnies, et l'astucieuse Néria sut revêtir son imposture de couleurs si spécieuses qu'on ne pouvait guère douter de la culpabilité du frère.

Gérard n'était pas impeccable, et il n'était pas sans exemple que des hommes d'une éminente sainteté eussent failli en certaines occasions qu'un concours de circonstances rendaient particulièrement dangereuses. Saint Alphonse, sans toutefois admettre l'accusation à la légère, en profita pour mettre à l'épreuve la vertu de l'angélique religieux. Il le fit venir à Nocéra, et lui remit devant les yeux l'énormité du crime supposé. Au lieu de se disculper, Gérard baissa les yeux, et garda le silence comme s'il eût été coupable ; il accepta même sans réplique la pénitence qui lui fut imposée, et qui consistait dans la privation de la communion et dans la défense sévère d'avoir aucun rapport avec les séculiers, soit de vive voix, soit par écrit. Il n'en continua pas moins à conserver pour saint Alphonse la plus affectueuse vénération. Un jour qu'il passait à côté de lui, on l'entendit s'écrier : « O mon Père, vous avez la face d'un ange ! En vous voyant, je me sens tout inondé de consolations ! »

La calomnie fit grande sensation dans le couvent, mais la sérénité qui régnait sur le front de Gérard fit plus d'impression encore. Quand on l'engageait à se justifier, il répondait : « Il est un Dieu, c'est à lui à y pourvoir. — Ma cause est votre cause, » disait-il à Notre-Seigneur ; « si vous voulez que je sois humilié, je le veux aussi ; car vous m'avez appris à marcher dans la voie de l'humiliation ». Il redoubla ses austérités, retrancha de son court sommeil, et passa le plus souvent la nuit en plein air, sur la plateforme de la maison. Là, contemplant le firmament étoilé où se reflète la toute-puissance divine, il puisait dans le cœur de Dieu la force pour supporter la plus inénarrable des peines. Puis il prenait un peu de repos, couché dans le cercueil qui avait renfermé les précieux restes du Père Sportelli, mort en odeur de sainteté, quatre ans auparavant. Sa vengeance contre ses détracteurs consistait à prier le Seigneur de les faire sortir du triste état de péché dans lequel ils vivaient.

La plus grande affliction du saint rédemptoriste n'était pas tant de se voir diffamé aux yeux de ses confrères et des gens du monde, que d'être privé de la sainte communion ; mais en ce point même, il se soumettait à la volonté divine. A ceux qui le plaignaient, il répondait : « Il me suffit d'avoir mon JÉSUS dans le cœur. » Un jour qu'on le pressait vivement de demander à saint Alphonse la faveur d'approcher de la Table sainte : « Non, non, » répondit-il. Et frappant de la main la rampe de l'escalier, il ajouta : « Je veux mourir sous le pressoir de la volonté de Dieu. » Une autre fois, un Père le priant de lui servir la messe, il lui répondit : « Ne me tentez pas, car je vous l'enlèverais des mains à l'autel. » Il parlait de la sainte hostie dont il était plus que jamais affamé.

Il faisait alors ses délices de méditer les attributs divins ; c'est dans ce vaste océan qu'il apaisait sa soif de la sainte communion. On lui demandait un jour comment il pouvait vivre sans communier : « Je me récrée, répondit-il, dans l'immensité de Dieu. » Il semblait, en effet, toujours plongé dans la plus sublime contemplation, et le Père Cajone fut témoin d'une de ses extases. « Le Frère Gérard, raconte ce Père, tomba malade, et je l'assistai en qualité de préfet des infirmes. Un soir, je fis l'oraison avec lui, et je choisis pour sujet de méditation l'amour que Dieu a pour nous et l'amour que nous devons avoir pour lui. A peine eus-je indiqué ces points, que Gérard fut ravi hors de lui-même. Il était couché sur le dos, la tête appuyée contre le mur et les yeux tournés vers le ciel. D'abord, je ne pris pas cela pour une extase, mais la méditation étant finie, je fis du bruit, et le frère resta dans la même attitude, les yeux immobiles. Cette vue fit sur moi la plus vive impression. »

Pendant cette maladie de Gérard, saint Alphonse se trouvant un jour au réfectoire, lui intima mentalement l'ordre de venir immédiatement le trouver. Bientôt Gérard se présente devant lui, enveloppé dans son drap de lit. Le saint le réprimande sur l'inconvenance de son accoutrement et exige qu'il s'en explique. « Je suis venu sur-le-champ, répondit-il modestement, parce que Votre Révérence m'a appelé. » Le saint fondateur eut ainsi une preuve manifeste de la parfaite obéissance de son disciple et de l'admirable privilège qui lui était octroyé de connaître surnaturellement les volontés de ses supérieurs.

Cependant Gérard continuait à garder un silence absolu sur le sujet de sa diffamation. Saint Alphonse, par une sage prudence, l'envoya à Ciorani, où le bienheureux donna une preuve de plus de sa simplicité dans l'obéissance. Le supérieur l'envoya porter une lettre à Castellamare, et comme la distance était longue, il lui dit de mener l'âne avec lui. Gérard mena donc l'âne par la bride sans le monter. Lorsqu'il rentra à la maison, après avoir fait une route de dix lieues à pied, il se trouvait à bout de forces. Le Père Rossi, devinant le mystère, lui demanda s'il s'était servi de sa monture : « Non, répondit le frère. — Pourquoi, non ? — C'est que Votre Révérence ne m'a pas commandé de me servir de l'âne, mais de le mener avec moi, et je n'ai pas fait autrement. »

De Ciorani, où il ne resta que dix jours, notre bon frère fut de nouveau rappelé à Nocéra. Il laissa dans cette maison un souvenir de son profond respect pour le Saint-Sacrement. On devait porter un matin la sainte communion à un malade qui gardait la chambre. Or, il se fit qu'en route on perdit la sainte hostie. Grande fut l'affliction du Père qui la portait et des frères qui l'accompagnaient. On se mit aussitôt à chercher partout, et Gérard chercha aussi. C'était un spectacle touchant, racontent les témoins, de le voir, dans la vivacité de sa foi, et dans l'élan de son amour pour JÉSUS-CHRIST qu'il n'avait plus reçu depuis un mois, de le voir, dis-je, ravi en quelque sorte hors de lui-même et les bras étendus, cherchant son Bien-Aimé voilé sous l'hostie. De fait, ce fut lui qui la retrouva, et la joie qu'il en ressentit, ne peut se décrire.

Il ne tarda pas à être envoyé à Caposèle, où eut lieu, peu de jours après son arrivée, le miracle de l'invisibilité, que nous rapporterons au § 7 de la 4e P.

Il y avait près de deux mois que l'humble religieux était dans le creuset de la tribulation, lorsque le Seigneur, jugeant l'épreuve suffisante, voulut le justifier lui-même. Le saint fondateur reçut une lettre qui le combla de joie. Elle émanait de la calomniatrice elle-même, qui, tombée gravement malade, s'accusait d'avoir agi à l'instigation du démon, et déclarait formellement, devant Dieu, son Juge, que sa première lettre n'était qu'un tissu de calomnies et de mensonges.

A cette nouvelle, la joie fut universelle. Le supérieur général se hâta de faire venir le bon frère à Nocéra, et lui demanda pourquoi il ne s'était point justifié : « Comment pouvais-je le faire, répondit l'humble religieux, puisque la règle ordonne de ne point s'excuser ? — Oui, reprit saint Alphonse attendri, allez, mon fils, et soyez béni. — Vous étiez sans doute bien triste de ne pouvoir communier ? lui demanda le saint. — Aucunement, répondit Gérard ; si JÉSUS-CHRIST ne voulait pas venir à moi, comment aurais-je pu en être mécontent ? »

Jusque-là saint Alphonse ne connaissait pas particulièrement le Frère Gérard, qui avait toujours été attaché à la maison d'Ilicéto. Mais le Père Margotta, passant précisément alors par Nocéra, fit connaître au saint fondateur les rares vertus de ce bon frère, les faveurs qu'il recevait du ciel et l'ardeur avec laquelle il aspirait à la perfection. C'est en cette occasion, que le saint fit ce magnifique éloge : « Si le Frère Gérard n'avait pas d'autres vertus que celles qu'il a pratiquées dans cette pénible épreuve, elles suffiraient pour me donner la plus haute idée de sa sainteté. » Le Père Margotta devant se rendre à la maison de Naples, témoigna le désir d'avoir Gérard pour compagnon, comme nous l'avons dit précédemment, et cette faveur lui fut accordée.

16. Son zèle pour les âmes.

AIMER JÉSUS-CHRIST, c'est aimer les âmes rachetées par le sang de JÉSUS-CHRIST. On peut donc juger du zèle de Gérard pour le salut des âmes par les ardeurs séraphiques qui le consumaient pour notre divin Sauveur.

Nous lisons dans ses résolutions les belles paroles suivantes : « O mon Dieu, puissé-je convertir autant de pécheurs qu'il y a de grains de sable sur la terre, de gouttes d'eau dans l'océan, de feuilles sur les arbres, d'étoiles au firmament. — Je veux que toutes mes prières, mes communions et mes bonnes œuvres contribuent à la conversion des pauvres pécheurs, et dans ce but, j'offre à Dieu ma vie avec le précieux sang de JÉSUS-CHRIST. »

Ses contemporains, à la vue des merveilles de son zèle, ne savaient comment exprimer leur admiration. « Quand il arrivait dans une localité, nous racontent-ils, sa visite valait une mission. — Sa présence équivalait à celle de plusieurs missionnaires. — Chose étonnante ! s'écriait le Père Cafaro, partout où va ce frère, il met tout le pays en révolution. — J'ai appris, écrivait Mgr de Melfi, les grandes choses qu'il a faites à Corato. Je le vois mieux que jamais, Gérard est vraiment un saint, et je veux l'avoir. »

Son aspect, sa vue seule, disent les témoins, valaient à eux seuls une prédication ; on sentait Dieu en lui. Sa parole ardente imprimait dans les âmes l'horreur du péché, l'ardeur pour la prière, l'amour de JÉSUS et de Marie, et la fidélité aux devoirs d'état. Ses bons exemples, ses prières, ses paroles et ses pénitences, contribuaient pour beaucoup au succès des missions.

Gérard avait un tact particulier pour inculquer aux enfants le saint amour de Dieu et les œuvres de piété.

Ses leçons demeuraient pour toujours gravées dans ces jeunes âmes. Il avait coutume de terminer en disant : « Ainsi, c'est entendu, on se donne tout au bon Dieu. » Puis, leur distribuant à tous une image, et marquant leur front du signe de la croix, il les renvoyait, pleins de joie, à leurs parents.

Il ne connaissait point de plus grand bonheur que d'instruire les indigents, les malades et les âmes les plus abandonnées. Il suffisait d'être pauvre, malade ou misérable pour recevoir de sa part les plus sincères témoignages de tendresse. Il s'exhalait de sa personne un je ne sais quoi de divin qui consolait les cœurs, guérissait les âmes et attirait à la vertu.

Bien qu'il ne fût point prêtre et n'exerçât point le ministère de la prédication, il avait reçu de Dieu un talent céleste pour convertir les pécheurs. Le Père Tannoya, qui avait vécu avec ce très fidèle serviteur de Dieu, disait : « Dans toutes les missions auxquelles Gérard assista pour servir les Pères, il opéra des conversions sans nombre. La grande occupation des missionnaires était d'absoudre les pénitents que l'humble frère avait disposés. — Il leur disait parfois : Je vous envoie ce gros poisson, qui, je l'espère, ne vous sera pas désagréable. » Cet historien ne fait pas difficulté de l'appeler « Un chasseur d'âmes, un chasseur qui a toujours l'œil fixé sur une proie pour l'apporter à Dieu ».

Pour parvenir à ses fins, il n'employait ni stratagèmes ni détours ; mais il attaquait le vice de front et les armes à la main. Tantôt, il allait trouver dans leur maison ceux qu'il voulait convertir ; tantôt, il les arrêtait en pleine rue et s'insinuait dans leur cœur, pour conquérir le droit de pénétrer jusque dans leur conscience. Quand il avait réussi à les toucher, il leur remettait devant les yeux le triste état de leur âme, et finissait par les gagner à JÉSUS-CHRIST. Lorsque la douceur ne suffisait pas, il prenait un air sévère : il terrifiait le pécheur par le ton de sa voix. On disait communément qu'il n'avait qu'à jeter les yeux sur un pécheur pour le bien disposer. Un grand prélat disait : « C'est Dieu qui parle par sa bouche. »

La conversion d'une âme était l'unique trésor qu'il

ambitionnait. Un jour qu'il revenait de voyage, il rencontra à peu de distance d'Ilicéto un aventurier qui, voyant le mauvais état dans lequel se trouvait le manteau, la soutane et le chapeau du frère, le prit pour un sorcier, et lui dit : « Si vous cherchez un trésor, me voici, prêt à vous aider et à vous accompagner. — Mais, répondit Gérard, êtes-vous un homme de courage ? — Ah ! reprit ce misérable, vous ne savez pas qui je suis ! Je vais vous le dire. » Là-dessus, il raconte sa triste vie, en ajoutant que, depuis plusieurs années, il vivait loin des sacrements. « Bien, dit Gérard, je vais donc chercher un trésor pour vous ; vous êtes une heureuse rencontre pour moi : le trésor est tout trouvé.» Ils pénètrent ensemble dans le bois qui longeait la route, et arrivé à l'endroit le plus touffu, Gérard pose mystérieusement son manteau sur le sol, et faisant mettre le pécheur à genoux les mains jointes, il lui dit : « Je vous ai promis un trésor, je vais tenir ma parole ; » et à l'instant montrant son crucifix : « Voilà, dit-il, le trésor que vous avez perdu depuis tant d'années. » Alors il se met à lui dépeindre le triste état de sa pauvre âme, et le somme de revenir à Dieu. Le pécheur, touché de la grâce, se met à pleurer, remercie Dieu de lui avoir fait rencontrer un saint, et va déposer le fardeau de ses péchés, aux pieds d'un confesseur, dans notre église d'Ilicéto.

« Je donnerais volontiers mille fois ma vie, disait Gérard, pour que Dieu ne soit point offensé. » Le péché le glaçait d'horreur, et parmi les péchés, il n'en était point de plus odieux pour lui que le blasphème. Il entendit, un jour, à Bovino, un charretier qui blasphémait comme un démon, parce que son attelage ne savait point se dégager d'un mauvais pas. « Malheureux ! cesse donc de blasphémer, lui crie d'une voix tonnante le saint frère. — Oui, je cesserai, dit l'autre, si vous dégagez ma voiture ; mes mules vont périr. » Alors, Gérard s'adressant aux mules, et faisant sur elles le signe de la croix : « Créatures de Dieu, dit-il, au nom de la très sainte Trinité, je vous ordonne d'avancer. » Aussitôt l'attelage s'ébranle et se dégage du bourbier. Gérard, après avoir fait une remontrance au blasphémateur, lui donna son mouchoir, et lui promit qu'en le jetant sur sa voiture dans les mauvais pas, le ciel lui viendrait en aide. Le muletier fit l'heureuse expérience de cette promesse.

Gérard détestait souverainement aussi l'injustice. Un jour il fit remettre des fers à son cheval par un maréchal-ferrant de San-Menna. Le travail terminé, le forgeron lui demanda un salaire exorbitant. Le frère, outré de cette injustice, ordonne à sa monture de rendre ses fers. Aussitôt l'animal secoue les jambes, et les fers tombent à terre. Quant à Gérard, il poursuit sa route au grand ébahissement du forgeron, qui le rappelle, mais en vain.

Un autre péché qui blessait au vif le cœur du pieux rédemptoriste, c'était le sacrilège. Il eût voulu l'extirper du monde. JÉSUS-CHRIST favorisa le saint zèle, qui le dévorait, en lui révélant les secrets des consciences. Sortant un jour de l'évêché de Melfi, Gérard fut accosté par une personne qui faisait parade d'une sainteté qu'elle n'avait point. Elle s'appelait Thérèse Morante. Le frère écouta en silence les belles paroles de piété qu'elle lui débita, et quand elle eut fini, il lui dit d'un ton grave : « Ma fille, pourquoi voulez-vous m'en faire accroire ? il y a tant d'années que vous faites des confessions et des communions sacrilèges, et à présent vous venez faire la sainte ! Allez, confessez-vous comme il faut, si vous ne voulez pas être damnée. » La personne, toute confuse, alla se jeter aux pieds du chanoine Rossi, à qui elle avoua que, depuis dix ans, elle avait, par honte, vécu dans les sacrilèges. Puis, elle fit sa confession générale avec tant de repentir, qu'elle voulut que ses iniquités fussent publiées dans la vie du saint frère à qui elle devait sa conversion.

Un homme de qualité vivait aussi depuis longues années dans les sacrilèges. Se trouvant, un jour, seul avec lui, Gérard lui dit : « Mon fils, vous vivez dans le péché ; voulez-vous donc mourir en réprouvé ? Confessez ce péché que vous cachez depuis si longtemps, et rentrez en grâce avec Dieu. » Ces paroles suffirent pour que ce pécheur mît fin à ses profanations.

Il en fut de même d'une malheureuse femme : « Ma sœur, lui dit un jour Gérard, comment pouvez-vous être

en paix en vivant dans la disgrâce de Dieu ? Pourquoi
ne confessez-vous pas tel péché que vous taisez depuis
tant d'années? » Frappée de stupeur à cette révélation,
cette pécheresse se hâta d'aller faire l'humble aveu de
ses fautes.

Le serviteur de Dieu, voyant un jour une jeune personne sortir de l'église, lui dit : « Qu'êtes-vous venue
faire ici ? — Me confesser, répondit-elle. — Je le sais,
répliqua Gérard, mais vous ne vous êtes pas bien con-
fessée. » Alors il lui spécifia les péchés que la honte
lui avait fait cacher à son confesseur. Cette pauvre
fille, confuse, alla aussitôt se réconcilier avec Dieu.

Quand un pécheur se trouvait à l'article de la mort,
le zèle de Gérard ne connaissait plus de bornes. Un
certain Liguoro fut atteint d'un mal subit,qui le rédui-
sit à la dernière extrémité. Depuis bien des années, il
ne remplissait plus ses devoirs religieux. Le voyant
sur le point d'expirer, sa famille, au comble de l'affliction, fit supplier Gérard de se rendre au plus vite
auprès du moribond. Le zélé rédemptoriste arriva
sans délai, et comme un autre Elisée, il appliqua sa
bouche sur celle du malade. A l'instant même,celui-ci
reprit l'usage de ses sens, et reçut très chrétiennement
les derniers sacrements.

Quel zèle le saint frère ne déploya-t-il pas encore
pour réconcilier les ennemis ! Un notaire de Castelgrande avait, dans une dispute,tué le fils d'un nommé
Marc Carusi. La famille de la victime conçut une haine
implacable contre le meurtrier, et toutes les tentatives
de réconciliation demeurèrent sans succès. Comme
cette inimitié pouvait avoir les suites les plus fâcheu-
ses, on résolut de recourir à la médiation du Frère
Gérard. Le serviteur de Dieu chercha d'abord à avoir
un entretien particulier avec Marc. Celui-ci fut vivement impressionné des paroles de charité qui sortaient
du cœur de Gérard, et se montrait déjà disposé à fouler aux pieds tous les désirs de vengeance, lorsque le
saint frère dut se rendre à Muro pour quelques jours.
A son retour, il trouva tout son ouvrage renversé.
L'enfer s'était servi de la mère de la victime pour
rallumer l'incendie. En entendant parler de réconciliation, cette femme entre dans une violente colère, et,

dans son indignation, elle court vers son mari, le charge de mille imprécations, et saisissant les habits teints du sang de son fils, elle les lui jette à la face : « Regarde, s'écrie-t-elle avec fureur, regarde ces vêtements sanglants, et puis, va te réconcilier, si tu en as le cœur. » Ces paroles firent renaître dans l'âme de Marc une haine plus forte que jamais. Gérard en apprenant cette triste nouvelle, s'écria : « Non, non, l'enfer ne triomphera pas ; c'est Dieu qui aura la victoire. » Il se rend chez Marc, le crucifix en main, et s'adressant aux deux époux : « Venez, leur dit-il, venez fouler aux pieds ce crucifix ; avancez... foulez aux pieds l'image de celui qui a pardonné à ses bourreaux... Il faut que vous pardonniez ! Quand je suis venu ici la première fois, j'avais été appelé par les hommes, mais aujourd'hui c'est Dieu qui m'envoie. Écoutez, père et mère qui refusez le pardon : votre fils est en purgatoire, et il y restera aussi longtemps que dureront vos ressentiments. Si vous voulez le délivrer, d'abord réconciliez-vous, et puis faites célébrer cinq messes pour le repos de son âme. C'est la dernière parole que j'ai à vous dire de la part de Dieu. Si vous refusez, attendez-vous aux plus terribles châtiments. » A ces paroles de feu, les époux, vaincus, s'écrièrent : « Oui, oui, nous voulons la réconciliation. » Dès ce jour, les deux familles furent réconciliées et, chose admirable ! se vouèrent même une mutuelle amitié.

1. Ses extases.

OUTES les faveurs que Dieu a faites aux autres saints dans l'ordre mystique, il a voulu les réunir, semble-t-il, dans la personne de notre séraphique confrère. Nous allons en donner un court aperçu en avertissant toutefois le lecteur, que nous ne reviendrons pas sur les faits déjà signalés, attendu que les phénomènes mystiques surabondent dans la vie de cet admirable serviteur de Dieu.

Lorsque l'âme est tellement absorbée en Dieu que l'exercice des sens est suspendu, on dit qu'elle est en extase. L'extase naît de l'amour. C'est une élévation délicieuse de l'âme vers une vision surnaturelle, qui la charme et la captive par sa beauté et par sa bonté. Alors l'âme est tellement éprise de ce qu'elle voit, qu'elle oublie toutes les choses de la terre et qu'elle s'oublie elle-même, pour ne plus voir et ne plus vouloir que ce qui la ravit. De l'amour de Gérard pour Dieu résulta donc chez lui une amitié si étroite avec le Seigneur, que ses extases commencèrent dès son enfance. Peu de saints jouirent de l'extase avec ce caractère de continuité que nous admirons dans notre bienheureux. Il semblait vivre dans un élément céleste. Il lui suffisait de penser aux perfections de Dieu, de contempler le mystère de la très sainte Trinité ou celui de l'Incarnation, de jeter les yeux sur un crucifix ou sur un tableau de la très sainte Vierge, de se trouver en présence du Saint-Sacrement ou de quelque merveille de la création, pour entrer dans un ravissement. Nous avons déjà mentionné tant d'extases dans le cours de ce récit, qu'il nous suffira de relater ici les suivantes.

Gérard, devant passer quelques jours à Olivéto, reçut

l'hospitalité chez l'archiprêtre don Salvadore. Un matin, la sainte messe allait commencer, et Gérard, qui voulait y communier, ne paraissait point. On l'appelle, on frappe à la porte de sa chambre, mais inutilement. Enfin, on entre, et l'on trouve le séraphique frère à genoux, le crucifix dans la main droite, la gauche posée sur la poitrine, le front pâle, les yeux à demi fermés, et ravi en extase. Toute la maison de l'archiprêtre put jouir de ce ravissant spectacle pendant plus d'une demi-heure.

Cette maison hospitalière avait déjà été témoin d'une autre extase plus remarquable encore, dans laquelle le serviteur de Dieu était suspendu en l'air, sans appui. Elle eut lieu dans la matinée même où il arriva à Olivéto. Il s'était retiré dans sa chambre pour y prier. A l'heure du dîner, l'archiprêtre alla l'inviter au repas. Mais quel ne fut pas son étonnement de le trouver ravi en extase, et élevé de terre à la hauteur de trois pieds environ. Il se retira plein d'admiration, et retournant peu après, il le trouva encore dans le même état. Toutes les personnes de la maison, loin de penser à manger, se mirent à pleurer d'émotion. Enfin, Gérard parut, le visage tout enflammé : « Veuillez faire tout selon votre ordinaire, dit-il à l'archiprêtre, je ne veux vous gêner en rien. » Pour conserver le souvenir de ce ravissement, l'archiprêtre marqua sur le mur de la chambre la hauteur à laquelle il avait vu le saint élevé de terre.

Tout un peuple put admirer un prodige semblable à Corato. Le vendredi-saint de l'année 1753, on portait en procession un tableau représentant JÉSUS crucifié. Quand le cortège entra dans l'église des Bénédictines, Gérard s'y trouvait en oraison. Dès qu'il eut aperçu la sainte image du Sauveur, un transport extatique s'empara de lui, et toute l'assistance le vit s'élever de terre à une hauteur considérable, les yeux fixés sur la sainte image.

Il y avait, à Caposèle, un mendiant aveugle qui jouait de la flûte d'une manière ravissante. Le voyant un jour à la porte du couvent, Gérard le pria de jouer l'air italien connu : « Je veux en tout, ô mon Dieu, votre bon plaisir, et non le mien. » Aussitôt, une

ivresse d'amour s'empare du saint religieux, et il se
met à danser et à bondir, en répétant toujours : « Votre
bon plaisir, ô mon Dieu, et non le mien ! » Tout à
coup, levant les yeux au ciel, il s'élève dans les airs
avec la rapidité d'une flèche et y reste quelque temps
ravi en extase.

Cette dérogation aux lois de la pesanteur, cette agi-
lité surnaturelle, alla même jusqu'au vol extatique.
Gérard retournait un jour à Ilicéto, accompagné de
deux jeunes campagnards. Passant devant une chapelle dédiée à la très sainte Vierge, il fit tomber la
conversation sur cette tendre et miséricordieuse Mère;
puis il prit un crayon et écrivit je ne sais quoi sur un
morceau de papier qu'il lança en l'air comme si ç'eût
été une lettre. Au même instant, ses deux compagnons
le virent s'élever en leur présence et s'envoler, avec la
rapidité et la légèreté de l'oiseau, à une distance de
plus d'un quart de lieue. Ils ne cessèrent toute leur
vie de raconter ce fait prodigieux dont ils avaient été
témoins.

Ce ne fut pas la seule fois que le serviteur de Dieu
fut favorisé du vol extatique. Une personne pieuse,
nommée Rosaria, aimait à raconter qu'elle le vit un
jour emporté comme une plume à travers les airs, les
bras étendus. Il vola ainsi l'espace d'un quart de lieue,
se hâtant de rentrer au couvent, où l'appelait, sans
doute, quelque acte de règle ou quelque désir du supérieur.

L'amour divin, étant la source de la joie spirituelle,
jette parfois l'âme dans de merveilleux accès de jubilation, qui se trahissent sur le corps de différentes
manières. Le plus souvent, c'est une ivresse qui précipite les mouvements du cœur, et y allume des ardeurs
extrêmes et suaves qui vont jusqu'à faire défaillir.
Dans cet état, on pousse des soupirs, pour se soulager
des délicieux tourments de l'amour. Dans les derniers
mois de sa vie, notre séraphique rédemptoriste poussait parfois des soupirs tels, qu'on ne pouvait s'empêcher de le regarder avec étonnement. Le Père Cajone
le reprit de cette singularité, et Gérard, pour toute
réponse lui prit la main et la posa sur son cœur. Or,
les battements en étaient si violents que le Père se

demandait comment il était possible de ne pas en mourir. « Si j'étais seul sur une montagne, disait-il un jour à Santorelli, il me semble que j'embraserais le monde de mes soupirs. » En disant ces mots, le saint religieux appliqua la main du médecin sur son cœur, et celui-ci le sentit battre avec une impétuosité inouïe, cherchant, semblait-il, à s'échapper de la poitrine.

De même que David dansa devant l'arche du Seigneur jusqu'à paraître insensé, ainsi on vit Gérard, dans les sublimes tressaillements de son amour, manifester sa joie par la sainte folie de la danse. Se trouvant un jour à Melfi dans la compagnie de trois Pères, il se mit à chanter, en s'accompagnant du piano, son cantique favori : « Si tu veux voir Dieu, etc. » Mais bientôt, dans un transport d'amour et dans un ravissement extatique, il saisit le Père Étienne de Liguori, et se mit à danser, le transportant çà et là, sans le moindre effort, comme une plume légère.

Il y eut un jour, à Caposèle, une contestation intéressante entre le Frère Gérard et le Père Strina, homme très dévot à l'Enfant JÉSUS. Gérard lui dit : « Vous n'aimez pas l'Enfant JÉSUS. — Et vous, répliqua le Père, vous n'aimez pas la Madone. » A l'instant même, Gérard, blessé d'amour, saisit le Père Strina, et dans un transport extatique, il se mit à danser en le soulevant comme il eût fait d'un fétu de paille.

Dieu est un feu consumant ; quand il vient dans une âme, il l'enflamme, et ces ardeurs deviennent parfois si intenses, qu'elles s'étendent jusqu'à la chair. Un jour que le séraphin de Caposèle parlait de l'amour de Notre-Seigneur devant les dominicaines de Corato, soudain son visage devient radieux et ses yeux se fixent au ciel. Les mains attachées aux barreaux de la grille, il soupirait et semblait succomber sous les flots des célestes ardeurs. Il demeura longtemps en cet état. Enfin revenu à lui, il demanda de l'eau fraîche ; il en but quelques gorgées et se baigna la poitrine pour tempérer les ardeurs de l'amour divin.

Un phénomène plus étonnant encore eut lieu chez les carmélites de Ripacandida, celui que les mystiques appellent l'incendie. Dans une extase semblable à celle que nous venons de décrire, le corps de notre séraphin devint lumineux comme un soleil, et incandescent à tel point que la grille en fer, avec les pointes dont elle était ornée, se plia dans ses mains comme une cire molle, ce que voyant, la supérieure se mit à le réprimander sur le dégât qu'il causait. A ces mots, revenant comme d'un profond sommeil, Gérard lui répondit en toute simplicité qu'elle avait à faire réparer l'accident.

Une autre fois, étant entré en ravissement, il devint si ardent que des rayons lumineux jaillirent de toute part de son corps, et le parloir parut tout en feu.

La restauration de l'homme déchu ne se réalise que par la souffrance. C'est en souffrant que JÉSUS-CHRIST a réparé la gloire de Dieu et racheté l'homme. Cette réparation et cette rédemption, il la prolonge dans les âmes saintes, par la douleur. Gérard eut l'honneur d'être appelé à reproduire en lui-même la vie expiatrice du divin Réparateur. Son amour le pressa de s'associer aux douleurs de son Bien-Aimé. Eût-il pu ne pas souffrir, en voyant l'objet de son amour méconnu, repoussé, outragé? Le même amour qui produisit en lui la jubilation, produisit aussi la souffrance. C'est par là qu'il devint, comme saint Alphonse son père, l'idéal du rédemptoriste, c'est-à-dire du religieux destiné, par sa sublime vocation, à sauver les âmes par la prière, par le travail et par la souffrance. Ainsi s'explique le grand attrait qui porta Gérard à la vie crucifiée. Nous avons vu quelle soif de souffrir le dévorait, et que de fois il chercha à reproduire dans sa chair les divers supplices de la Passion. Cet ardent désir plut tant au divin Maître, qu'il daigna favoriser le saint frère d'une grâce qu'il n'accorda qu'à un petit nombre de ses serviteurs, tels que saint François d'Assise et sainte Catherine de Sienne. Gérard demanda la grâce d'éprouver comme eux les souffrances de JÉSUS-CHRIST dans sa Passion. Cette grâce, il l'obtint. Chaque vendredi, et plus particulièrement le vendredi-saint, encore qu'il se fût bien porté les jours précédents, on le voyait comme broyé de douleurs et tellement languissant qu'on l'aurait pris pour un malade à l'agonie. A plusieurs reprises, ces jours-là, il

vomissait du sang. La nuit se passait en luttes avec
les démons, qui le meurtrissaient de coups. Ses peines
intérieures, ses angoisses, ses délaissements étaient
alors inexprimables. Ses tourments ressemblaient à
ceux qui arrachèrent au Sauveur ce cri de détresse :
« Mon Dieu, mon Dieu, pourquoi m'avez-vous abandonné? » Cependant le samedi, par un nouveau prodige,
il se trouvait remis et en état de vaquer à ses occupations.

2. Sa science infuse.

DIEU est vérité et lumière. Aussi, quand il vient
en nous, y apporte-t-il des clartés inconnues à
la raison. Une âme pure, qui s'est élevée par le sacrifice aux sommets de la vie parfaite, en sait souvent
plus que les théologiens sur la religion et ses plus
sublimes mystères. Cette science infuse, qui fut donnée à nos premiers parents avant leur péché, fut aussi
largement accordée à l'âme si humble et si pure de
Gérard. Dieu répandit la lumière dans son intelligence
et donna à ses lèvres la grâce de la communiquer. Cette
science surnaturelle lui attira beaucoup de disciples et
d'admirateurs.

« On vit, dit le Père Tannoya, on vit des théologiens distingués, séculiers et réguliers, recourir à ses
lumières, le consulter sur la direction des âmes, et lui
soumettre des cas embarrassants. Et Gérard, comme
s'il eût été maître en théologie, discutait profondément
les questions ascétiques et morales ; il résolvait les
doutes avec l'aplomb et la sagesse d'un docteur, tellement que tous ceux qui le consultaient, se retiraient
émerveillés, en se disant : « Il vous a plu, Seigneur,
de dérober ces mystères aux sages et aux savants,
pour les révéler aux humbles et aux petits. »

L'évêque de Muro, Mgr Vito Muyo, ne savait trop
admirer la lucidité et l'aplomb avec lesquels Gérard
résolvait les cas théologiques. Mgr Basta, évêque de
Melfi, se fit même son disciple. Les prêtres venaient en
foule lui soumettre leurs doutes. Il semblait établi
directeur universel des âmes. Il donnait à tous des
règles lucides et sages avec un à-propos parfait. Mgr

Amato, évêque de Lacédonia, s'était mis sous sa direction et suivait ses conseils avec une docilité parfaite, tant pour son diocèse, que pour sa conduite personnelle. « Parler avec ce bon frère de matières théologiques et de spiritualité, disait-il, c'est devenir son disciple, tant sont grandes les lumières qui émanent de lui ! »

Grâce aux conseils de cet amant du Christ, une foule de prêtres et de laïques s'adonnèrent à l'oraison et à la pratique de la vertu. On vit même les âmes consacrées à Dieu dans le cloître rechercher avec avidité ses entretiens spirituels et recourir à lui comme à un oracle, pour être dirigées dans les voies de la plus sublime perfection.

Ce frère illettré possédait la science d'un docteur en théologie. Cette réputation attirait autour de lui un concours de savants. « Je me trouvai un jour dans notre maison de Naples, raconte le Père de Rubertis, quand vint un ecclésiastique qui, attiré par la réputation de Gérard, voulut conférer avec lui sur le mystère de la très sainte Trinité qu'il étudiait alors. Il toucha successivement les points les plus difficiles, comme la génération du Verbe, sa coéternité avec le Père, et la procession du Saint-Esprit. Loin de paraître transporté sur un terrain étranger, Gérard répondit à tout, de la manière la plus précise, avec une facilité surprenante. »

« Les sages du siècle, écrivait le chanoine Bozzio, restaient muets en la présence de ce pauvre frère privé cependant de toute instruction. C'est qu'il puisait ses lumières à leur vraie source, dans le Cœur de JÉSUS, et non dans les citernes bourbeuses de l'esprit humain. Dans sa bouche les mystères les plus obscurs devenaient lumineux. »

« Quand Gérard parlait des choses divines, dit également Santorelli, il s'élevait au-dessus de lui-même. Sa parole rendait intelligibles les choses les plus difficiles, et celles qui paraissaient obscures, devenaient claires en passant par ses lèvres. Ses entretiens me remplissaient d'admiration, et je ne savais concevoir comment un pauvre frère pouvait pénétrer si avant dans des mystères aussi sublimes. »

L'archiprêtre de Lucia l'entendit exposer d'une façon si lumineuse les mystères de la Sainte Trinité et
de l'Incarnation, que saint Augustin et saint Thomas,
disait-il dans son enthousiasme, ne l'auraient pas mieux
fait.

Un jeune abbé de Muro, fier de ses connaissances
théologiques, voulut un jour se mesurer avec lui, mais
il se vit tellement pressé sur différents points de doctrine, qu'il dut, à sa honte, se retrancher dans le silence. Alors Gérard lui dit : « Avouez que, pour avoir
étudié la théologie, on n'est pas théologien ; la vraie
science ne s'acquiert que par l'humilité et l'oraison. »

Le président du grand séminaire de Muro désirant
montrer à ses collègues et aux séminaristes le don de
science que possédait Gérard, pria l'humble frère d'expliquer en leur présence ces paroles profondes de saint
Jean : « Au commencement était le Verbe, et le Verbe
était en Dieu, et le Verbe était Dieu. » Gérard obéissant avec une simplicité d'enfant, se mit à expliquer
la génération du Verbe d'une manière si sublime, que
tous les auditeurs en furent émerveillés.

« Un entretien avec ce frère, disait l'évêque de Muro,
fait plus de bien que tous les sermons d'un carême. »

« C'est Dieu qui parle par sa bouche, disait un
grand prélat ; quand il parle, on est forcé de l'écouter,
et, quand on l'écoute, il faut lui obéir. »

« On ne saurait lire ses lettres, disait le Père Cafaro, sans être émerveillé, surtout quand on songe
qu'elles ont été écrites par un frère convers, qui avait
à peine dans son jeune âge appris à lire et à écrire. »

Qu'un homme sans étude reçoive la science infuse,
c'est sans doute une merveille, mais qu'il la commu-
nique aux autres instantanément et à son gré, voilà
qui est plus merveilleux encore. C'est ce que fit Gérard. Donat Spicci, prêtre de Muro, étant un jour
entré dans la chambre du serviteur de Dieu, y trouva
sur la table la vie de la vénérable sœur Marie-Cruci-
fiée. Il se mit à lire un passage où elle traite de l'état
de solitude au Calvaire. « Ces choses ne sont pas
pour vous, lui dit Gérard. — Est-ce de l'hébreu pour
qu'on ne puisse le comprendre ? lui répondit Spicci. —
Eh bien ! lisez, et expliquez-moi ce que la servante de

Dieu veut dire. » Le bon prêtre essaya, mais il vit bientôt qu'il n'y entendait rien, et demeura tout confus. L'humble rédemptoriste lui fit alors un signe de croix sur le front, et lui dit : « Lisez maintenant. » Spicci lut, comprit, et se mit à expliquer avec une telle facilité qu'il en était étonné lui-même. Santorelli était présent lorsque ce prodige arriva.

Un autre prêtre ne pouvant comprendre plusieurs passages d'un livre du vénérable Palafox, s'en ouvrit à Gérard. Celui-ci lui fit sur le front le signe de la croix, et lui dit : « Au nom de la très sainte Trinité, lisez maintenant. » Il lut, et se trouva si éclairé sur le sens de ces passages, qu'il sut lui-même les expliquer aisément à d'autres.

3. Son esprit de prophétie.

LE Frère Gérard eut à un haut degré le don de prophétie. Sa première prophétie le concernait lui-même. Un jour qu'il s'était livré volontairement à toutes les avanies des jeunes gens de Muro, il s'écria : « Vous me méprisez aujourd'hui, mais viendra un temps où vous tiendrez à honneur de me baiser la main. » Ces paroles se réalisèrent à la lettre quelques années plus tard. Lorsque le serviteur de Dieu se rendit dans sa ville natale sous l'habit de rédemptoriste, les riches et les pauvres lui prodiguèrent les marques de haute vénération. Dès qu'il sortait, la foule se précipitait vers lui pour lui baiser, qui la main droite, qui la main gauche.

Il prophétisa à un jeune profès, nommé Pierre Blasucci, qu'il serait un jour supérieur général de l'Institut. La prophétie se réalisa quarante ans plus tard, en 1793.

Il visita un jour un jeune homme de Melfi, nommé Michel di Michéle, dangereusement malade. « Quoi ! vous avez la fièvre ? lui dit-il en lui tâtant le pouls. Mais non, vous vous portez bien. » A l'instant même le malade se trouva guéri. « Un jour, ajouta Gérard, vous serez des nôtres. — Je le serai, répondit Michel, lorsque je toucherai le ciel de la main. » Il exprimait ainsi la profonde répugnance qu'il avait pour la vie religieuse. Or, Michel devint rédemptoriste, et se distingua par un zèle tout apostolique.

Un jeune homme plein d'avenir désirait ardemment entrer dans notre Institut, mais il y avait un empêchement grave de la part des lois civiles. Un jour il rencontra le bienheureux voyageant en compagnie d'un noble ; il se mit à le suivre à quelque distance. Tout à coup, Gérard se retourne : « Tranquillisez-vous, lui dit-il, avant trois mois, vous serez dans notre Congrégation. » L'événement confirma la prophétie. Ce postulant devint ce Père Négri, qui eut l'ineffable bonheur de recevoir le dernier soupir de saint Alphonse.

Un jour que Gérard montrait le couvent à quelques étrangers, on vit passer un cavalier qu'un cheval emporté entraînait au précipice : « Il est perdu ! » s'écrient avec effroi les spectateurs. « O Vierge sainte, secourez-le, » s'écrie à son tour Gérard. Puis, se tournant vers ceux qui l'accompagnaient : « Il tombera, leur dit-il, mais il ne se fera aucun mal. » C'est ce qui eut lieu.

Une pauvre femme vint un jour recommander au serviteur de Dieu son mari, qui était sur le point d'expirer : « Ne craignez rien, lui dit-il, votre mari ne mourra point de ce mal, mais la santé ne lui reviendra pas tout de suite. Il lui faudra souffrir longtemps encore avant d'être en état de reprendre ses occupations. » La prophétie s'accomplit à la lettre.

Une carmélite de Ripacandida allait rendre l'âme. Gérard assura qu'elle récupérerait la santé : « Comment cela pourrait-il se faire, lui répliqua-t-on ? elle est déjà à l'agonie. — Vous verrez la vérité de ce que je vous dis, répondit le frère ; la malade vivra, car elle doit faire encore des progrès dans la perfection. » Elle se rétablit, en effet, et devint des plus ferventes.

Se trouvant à Muro, chez Carmin Pétrone, ses regards tombèrent sur l'enfant de la maison, âgé de trois ans : « Cet enfant, dit-il au père, vous sera bientôt enlevé ; il mourra avec un instrument de musique en main. » La chose arriva telle que Gérard l'avait prédite.

« Ma sœur, disait-il à une religieuse de Foggia, vous vous confessez souvent, n'est-ce pas ? Heureuse êtes-vous ! car le jour de votre mort est proche. » Voyant que la religieuse qui était jeune et forte, ainsi que la communauté qui était présente, ne prenaient pas ces paroles au sérieux, il reprit : « Ma sœur, tenez-vous bien unie à Dieu, car dans huit jours vous ne vivrez plus. » Le huitième jour, en effet, elle était dans l'éternité.

Chaque fois que Gérard allait à Muro, un horloger, nommé Alexandre Piccolo, se faisait un honneur de lui donner l'hospitalité. Dieu voulut récompenser cette charité en sauvant sa femme. Elle vivait depuis de longues années dans le sacrilège. Gérard la prit un jour à part, lui révéla les péchés qu'elle tenait cachés, et ajouta : « Préparez-vous à la mort par une bonne confession, car bientôt vous paraîtrez devant Dieu. » Peu après, en effet, cette femme, bien que robuste, n'était plus de ce monde.

Un jour qu'il passait à Viétri, une méchante femme vint lui demander une image de la Sainte Vierge : « En voici une, dit Gérard, mais pense à ton âme, et recommande-toi bien à Marie, car tu n'as plus que peu de jours à vivre. » Trois jours après la prédiction, elle mourait réconciliée avec Dieu.

Un riche de Calitri, tout absorbé par les affaires de ce monde, vivait dans la disgrâce de Dieu et dans l'oubli de son âme. Gérard lui fit visite, et l'invita à venir faire une retraite au couvent de Caposèle. Cet homme invoqua des prétextes sans valeur, et comme Gérard insistait : « Je verrai en octobre, répondit-il. — Vous verrez en octobre, dites-vous ? reprit le frère, mais je vous déclare que vous ne verrez pas octobre. » Au mois d'août, une fièvre pernicieuse conduisit au tombeau cet infortuné qui ne pensait qu'à la terre.

Dans une de ses tournées à Olivéto, Gérard, fixant un enfant, s'écria : « Oh ! quel monstre !... » Cette exclamation était une prophétie. Cet enfant devint, avec l'âge, un vrai monstre par ses vices et ses forfaits. Un jour qu'il voulait attenter à la vie de son père, celui-ci, en voulant se défendre, le tua.

Se trouvant à Muro, le bienheureux passa à côté d'un impie qui proférait d'exécrables blasphèmes contre la très sainte Trinité. Il en frémit d'horreur, et se tournant vers le président du séminaire qui l'accompagnait : « Ces blasphèmes, lui dit-il, ne resteront pas impunis, vous le verrez bientôt. » Trois jours après, ce malheureux pécheur fut tué d'un coup de fusil sur la place publique, sans avoir eu le temps de rentrer en lui-même.

Gérard, prophète pour les autres, le fut aussi pour lui-même. Il prédit sa mort six mois d'avance. « Docteur, dit-il, un jour, tout joyeux à Santorelli, savez-vous bien que cette année je mourrai de phthisie ? — D'où le savez-vous ? — Je l'ai demandé comme une faveur à Notre-Seigneur, et il me l'a promis. — Mais pourquoi de phthisie ? — C'est qu'en mourant de cette maladie, je mourrai abandonné ; car, ajouta-t-il, bien que, dans la communauté, on ait la plus grande charité pour les malades, cependant, pour cette sorte de mort, on ne peut guère compter sur la présence de ceux qui veillent. » Quelques jours auparavant, il avait prédit la même chose au frère Janvier Rendina : « J'ai demandé à JÉSUS-CHRIST la faveur de mourir phthisique et abandonné. » Il obtint l'un et l'autre comme nous le verrons dans la suite.

En quittant Olivéto, un mois et demi avant sa mort, le bon rédemptoriste alla faire ses adieux à la famille Pirofalo, et lui dit : « Regardez de temps en temps le couvent de Caposèle. Aussi longtemps que vous y verrez flotter un linge blanc à une fenêtre, je serai encore en vie, mais dès qu'il disparaîtra, je serai mort. » Olivéto est à trois lieues de Caposèle. Malgré cette distance, le linge blanc fut aperçu tant que Gérard vécut, et disparut le jour même de sa mort.

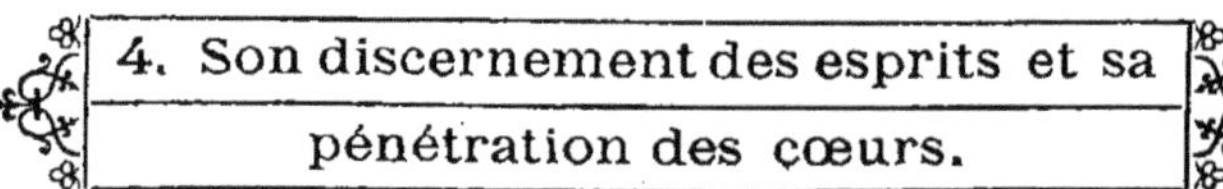

4. Son discernement des esprits et sa pénétration des cœurs.

IL est peu de saints qui aient eu, au même degré que le Frère Gérard, le don du discernement des esprits et de la pénétration des cœurs.

Un jeune homme phthisique, nommé Nicolas Bénincasa, se trouvait souvent dans la compagnie du bienheureux. Un jour qu'il admirait intérieurement ses vertus, il se disait en lui-même : « Ce bon Frère Gérard fait tant de miracles pour les autres, et il ne prie pas

pour moi, afin que Dieu m'enlève ce mal de poitrine. »
Il avait à peine formulé cette plainte dans son cœur,
que le frère lui dit : « Que dis-tu là ? Tu dis que je
ne prie pas pour toi. Certes, je le fais ; mais Dieu ne
veut pas te guérir. Mon fils, tu n'es point pour ce
monde. » Ce jeune homme mourut, en effet, peu de
temps après, et, comme les paroles susdites l'insinuent,
il alla dans une meilleure patrie.

Don Philippe Salvadore entrant un jour dans la
chambre du serviteur de Dieu pour lui demander conseil sur des affaires de conscience, le trouva en extase
devant un crucifix et soulevé de terre. Il allait se retirer,
lorsque Gérard lui dit : « Don Philippe, je sais pourquoi vous venez : ne vous faites point scrupule de
telle et telle chose ; reposez-vous sur la Providence. »
Ces paroles étaient précisément la solution à toutes les
questions que ce brave chrétien voulait poser au saint
religieux.

Une dame de Lacédonia ne savait comment se
défaire d'une attache qui l'entraînait peu à peu vers le
précipice. Elle s'en ouvrit à Gérard, qui lui dit : « A
vous la faute, Madame ; vous n'êtes pas assez fidèle à
JÉSUS-CHRIST. » Ensuite, il lui montra comment elle
entretenait secrètement sa passion. « Fermez mieux
l'entrée de votre cœur, ajouta-t-il en finissant, et ayez
confiance. » Cette femme mit en pratique les avis du
serviteur de Dieu, et fut à jamais délivrée de sa tentation.

Une femme, soi-disant possédée, avait fatigué la
charité de plusieurs prêtres, qui s'étaient efforcés, pendant deux mois, d'en chasser le démon par les saints
exorcismes. Gérard, après l'avoir vue, assura qu'il n'en
était rien. « Vous faites ces choses pour telle et telle
fin, lui dit-il ; cessez vos grimaces, ou je découvre tout
à votre confusion. » La femme, saisie de frayeur, se
garda bien de contrefaire encore la possédée à l'avenir.

Un jour que Gérard se trouvait à Saint-Grégoire
chez l'archiprêtre, survint un ami de la maison. Le
bienheureux, changeant brusquement de discours,
proposa ce cas de morale : « Si quelqu'un, voulant
commettre un adultère, en venait à un commencement
d'exécution, mais que, touché de la grâce, il ne le con-

sommât point, serait-il obligé d'exposer cette circonstance au confesseur ? » L'archiprêtre ne comprit point l'à-propos de cette question ; mais le visiteur, tirant l'archiprêtre à l'écart, lui dit avec surprise : « Vous avez un saint chez vous. Le cas, tel que le Frère Gérard vient de le proposer, m'est arrivé il n'y a qu'un instant ; je vous l'avoue à ma honte et à la gloire du saint frère. »

Gérard détestait la fainéantise de ceux qui se font passer pour estropiés, afin de vivre de la charité publique. Il vit un jour un de ces fripons qui, se traînant sur des béquilles, la jambe bandée et entourée de vieux linges, implorait, aux abords du couvent, l'aumône des personnes pieuses. Indigné d'une telle fourberie, Gérard va droit à lui, lui enlève ses bandages : « Fourbe, que tu es, s'écrie-t-il, si tu veux sauver ton âme, cesse de te moquer de Dieu et des hommes. » En voyant que sa supercherie était découverte, le faux boiteux s'enfuit à toutes jambes, sans même penser à reprendre ses béquilles.

Il y avait chez les Sœurs du Saint-Sauveur de Foggia une petite pensionnaire, nommée Gertrude de Cécilia : « Mon enfant, lui dit un jour Gérard, vous pensez pouvoir communier ; mais non, votre confession n'a pas été bien faite : vous avez omis tel péché. Retournez auprès du confesseur, et faites-lui une confession générale. » A cette révélation, Gertrude pensa mourir de confusion. Elle fit de son mieux sa confession générale ; mais bientôt, elle tomba dans le scrupule, et par suite dans la mélancolie. Personne n'en devinait la cause. Un jour que Gérard passait par Foggia, il fit venir Gertrude, et lui dit : « Soyez tranquille, votre confession a été bien faite. » Cette enfant, rassurée par ces paroles, sentit renaître dans son cœur une joie et une paix inénarrables.

Un jour qu'il y avait communion générale à Ilicéto, Gérard descend tout à coup du jubé, et se rend au plus vite à l'église : c'était pour éloigner de la Table sainte un homme qui était sur le point de faire une communion sacrilège. Il le prend en particulier et lui montre le crime qu'il va commettre. Pénétré de repentir, le pécheur court se jeter aux pieds du confesseur. Au sortir du saint tribunal, il s'écrie publiquement : « J'avais rougi de confesser mes péchés au prêtre, mais le Frère Gérard me les a dévoilés. Maintenant je veux, à ma confusion, les confesser devant tout le monde. » Il l'aurait fait réellement si un Père qui était là ne l'en eût empêché.

Le notaire de Rubertis, de Muro, s'était rendu coupable d'un homicide. Bien des années s'étaient écoulées depuis, et le meurtrier était resté inconnu. Le malheureux avait même caché son crime en confession. Un jour, le Frère Gérard le rencontrant lui dit sans préambule : « Votre conscience est en mauvais état ; vous n'avez jamais confessé l'homicide que vous avez commis dans votre vignoble sous un cerisier. » Cette révélation inattendue et si précise produisit son effet. Le notaire fit une confession sincère, et ne craignit pas de divulguer sa faute, en ajoutant : « Oui, Gérard est un grand saint : il m'a révélé ce qui n'était connu que de Dieu seul et de moi. »

Le fait suivant se passa à Naples. Gérard entrait en même temps que le prêtre Colléla chez un marchand d'objets de piété qui affectait une sainteté qu'il était loin d'avoir. Mais le saint rédemptoriste le tirant à part, lui mit sous les yeux un péché grave qu'il avait commis, n'ayant que Dieu pour témoin. Dès que Gérard fut sorti, le marchand ne put s'empêcher de dire au prêtre Colléla : « Ce Père doit être un bien grand serviteur de Dieu ; j'en suis tout hors de moi-même : il vient de me révéler un péché que Dieu seul et moi connaissions. »

Traversant un jour la place publique d'Auletta, Gérard va droit à un inconnu : « Mon fils, lui dit-il, comment pouvez-vous être en paix ? Tel jour vous avez commis tel péché, et vous ne vous en êtes pas confessé. Allez vite trouver un prêtre, et réconciliez-vous avec Dieu. » Le pécheur, tombant à genoux, avoua sa faute, et se hâta d'aller sincèrement l'avouer au confesseur.

On allait prêcher une retraite au couvent de Caposèle. Sachant que quelques villageois fugitifs se tenaient dans les bois voisins, Gérard les invita par un billet à assister aux saints exercices. Ils s'y rendirent. Le bienheureux les adressa pour la confession

au Père Pétrella, et les ayant rencontrés un peu après :
« Avez-vous été à confesse » ? leur demanda-t-il. —
« Oui, répondirent-ils. — Belle confession que vous
avez faite, répliqua le frère. Et tel péché et tel autre
péché, pourquoi ne les avez-vous pas déclarés ? » Ces
paroles les stupéfièrent. « C'est vrai, dirent-ils, et puis-
qu'il en est ainsi, venez avec nous et soufflez-nous nos
péchés à l'oreille, car nous ne saurions pas nous les
rappeler tous, et nous pourrions nous tromper. »

Nous avons déjà cité tant de faits qui prouvent à
l'évidence que le saint frère avait le don de lire dans
les consciences, qu'il est inutile de nous étendre davantage en ce lieu.

 **5. Ses visions à distance.** 

NOTRE bienheureux frère jouissait aussi de cette
lumière divine par laquelle il voyait en esprit,
même à distance, ce qu'il n'aurait pu naturellement
connaître.

Il lisait au loin dans les âmes : « Ma Sœur, écrivait-
il à la Mère Marie de JÉSUS, je sais les épreuves par
lesquelles vous avez passé. Je les conçois distinctement
et clairement ; je les vois plus clairement que vous-
même. » Quelque temps après, il lui écrivait de nouveau. « Il est inutile que vous m'expliquiez vos peines ;
je les connais et je les vois en Dieu. »

Il voyait les événements à distance. Rencontrant un
jour, à Naples, un jeune compatriote : « Mon cher
Pascal, lui dit-il ému, savez-vous bien que notre archiprêtre vient d'être assassiné dans une des rues de
Muro ? — C'est impossible, répondit l'autre, stupéfait ;
je reçois à l'instant une lettre de Muro, on me l'aurait
dit. — La chose est cependant telle, mon ami : il n'y a
pas moyen d'en douter. » L'assassinat venait réellement
d'avoir lieu ; mais, à cette époque, il était impossible
qu'on le sût si tôt à vingt lieues de distance.

Le chanoine Rossi étant venu jouir de quelques
jours de solitude à Caposèle, il survint, pendant ce
temps-là, à Melfi, sa ville natale, une affaire de haute
importance pour laquelle il dut expédier un exprès.
Comme celui-ci tardait à revenir, le chanoine, retiré

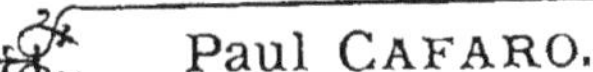

Paul CAFARO.

don Paul est un grand saint, et il jouit de Dieu non loin de saint Paul, parce que, comme l'Apôtre, il a été violemment tourmenté par l'aiguillon de la chair. » Le fait était réel, mais sauf un ami intime, personne n'avait connaissance de ce martyre du Père Cafaro.

Il fut gratifié d'une vision semblable concernant un autre rédemptoriste. Trois jours avant sa mort, à l'heure de la récréation de midi, Gérard fut subitement ravi en extase, et on l'entendit s'écrier avec allégresse : « Voilà, voilà notre bienheureux Père Latessa qui monte en paradis ! »

Le 14 septembre 1755, le visage de notre thaumaturge s'impressionna subitement. Le Frère Étienne Sperduto lui en demanda la raison : « Mon cher frère, répondit-il, sachez qu'aujourd'hui même la belle âme de la Sœur Marie-Céleste s'est envolée au ciel. Elle est allée jouir de la récompense due à son grand amour pour JÉSUS et Marie. »

Il écrivait à une religieuse de Ripacandida : « Vous me dites que la Sœur Oliviéra m'offre ses salutations ; cela est vrai, mais c'est du haut du ciel. » Cette Sœur, en effet, venait de quitter cette terre d'exil.

Un peintre d'Olivéto, parent de don Salvadore, vint à Caposèle pour exécuter dans le couvent quelques travaux de son art. Gérard, en lui ouvrant la porte, lui dit : « L'archiprêtre est dans le deuil, son père vient d'expirer. — Cela n'est pas possible, dit le peintre ; je l'ai vu hier en bonne santé. » Gérard affirma qu'il venait de mourir, frappé d'apoplexie. « En ce cas, dit l'autre, je vais retourner à Olivéto pour lui rendre les derniers devoirs. — Oui, partez, répondit le serviteur de Dieu, et dites à l'archiprêtre qu'il se réjouisse, parce que son excellent père est au ciel. »

Le regard du saint frère pénétrait, nous l'avons déjà vu, jusque dans les profondeurs du purgatoire. Une fille de Lacédonia, nommée Lella Cocchia, était inconsolable de la mort de sa mère. Un jour que Gérard passait par cette ville, elle vint le supplier de lui dire où était l'âme de sa mère. « Elle est en purgatoire, répondit le frère ; faites quarante communions pour elle, et elle sera délivrée. » Lella, pressée par son amour filial, suivit le conseil, et fit les quarante communions. Alors sa mère lui apparut, la remercia et lui dit qu'elle s'en allait au ciel.

Les secrets de l'enfer même étaient dévoilés à l'œil divinement illuminé de Gérard. Un misérable, qui avait trompé le monde en menant la vie d'ermite, vint mourir dans notre maison d'Ilicéto. Il avait une maladie tellement rebutante que personne n'osait approcher de lui. Le Frère Gérard lui prodigua les soins les plus tendres, et le prépara à faire une sainte mort. Mais le malheureux ne profita point de la miséricorde de Dieu. Un jour que Gérard priait pour le repos de son âme, l'infortuné lui apparut, et lui dit d'une voix effrayante : « Ne priez pas pour moi, je suis damné par un juste jugement de Dieu. » Le bon religieux fut tellement effrayé de la laideur de ce réprouvé que, pendant tout le reste de sa vie, il n'en perdit jamais le souvenir.

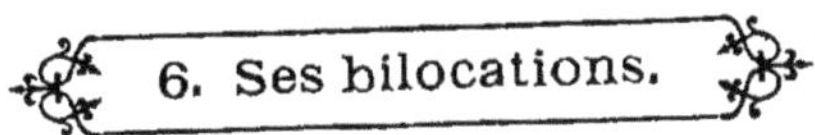

6. Ses bilocations.

IL existe un phénomène mystique d'autant plus étonnant qu'il est plus rare dans la vie des saints : je veux parler de la bilocation. Elle a lieu lorsqu'une personne se trouve présente au même moment en deux lieux différents. Un des faits les plus célèbres de ce genre et des mieux avérés est celui qui arriva à saint Alphonse de Liguori. Dans la matinée du 20 septembre 1774, l'évêque, après avoir dit sa messe, se jeta, contre sa coutume, sur son fauteuil. « Là, lisons-nous dans les pièces officielles du procès de canonisation, il éprouva une sorte d'évanouissement, et resta deux jours dans un doux et profond sommeil. Une des personnes de service voulut l'éveiller, mais son vicaire-général, don Nicolas de Rubino, ordonna de le laisser reposer, sans le perdre de vue. Étant enfin revenu à lui, Alphonse sonna ses gens, qui accoururent. Les voyant fort étonnés : « Qu'avez-vous donc ? leur demanda-t-il. — Ce que nous avons, lui répondit-on : depuis deux jours vous ne parlez pas et ne donnez aucun signe de vie ! — Vous me croyiez endormi, dit alors le serviteur de Dieu, mais il n'en était rien : j'étais allé assister le Pape, qui vient de mourir. » On ne tarda pas à apprendre, en effet, la mort de Clément XIV, arrivée le 22 septembre vers huit heures du matin, c'est-à-dire au moment précis où le saint avait agité la sonnette. L'avocat de la cause ajoute : « La coïncidence du jour où Alphonse fut ravi en extase avec celui de la mort du Souverain-Pontife et la précision avec laquelle il déclara à Arienzo, à l'heure même de l'événement, que le Saint-Père avait cessé d'exister, sont des arguments sans réplique qui prouvent la vérité de la faveur merveilleuse accordée à notre saint et au Pontife mourant. » (*Vie de saint Alphonse*, par Mgr Dupanloup, Ch. XXV.)

Le Frère Gérard fut favorisé plusieurs fois dans sa vie de ce don extraordinaire de la bilocation.

Un jour que le bienheureux ne recevait pas de réponse de Muro sur des affaires pressantes et qui intéressaient la gloire de Dieu : « Il faut, dit-il, que j'y aille demain. » En effet, le lendemain on le vit à Muro, tandis que, d'un autre côté, l'on constata qu'il était demeuré au couvent.

Un autre jour, le Père Margotta dit à Santorelli : « Ne savez-vous pas que Gérard, tout en restant dans sa chambre, a passé la nuit en extase devant le Très-Saint-Sacrement au chœur des franciscains ? »

De semblables prodiges se répétaient souvent. Que de fois, sans qu'il quittât la maison, ne le vit-on pas à Caposèle visitant les malades ! « Un jour entre autres, dit Santorelli, tandis que je visitais mes malades, je sentis, partout où j'allais, le Frère Géard à mes côtés, mais aussi réellement que si je l'avais vu de mes propres yeux. Après ma tournée, je me rendis au couvent, et ayant rencontré le frère, je lui dis : « Que me vouliez-vous donc toute cette journée, en m'accompagnant ainsi partout ? — Ce que je voulais ! me répondit-il ; ne savez-vous pas que je dois m'absenter demain ? Je voulais visiter tous mes chers malades. »

Nicolas Fiore, archiprêtre de Téora, ému de la haute réputation du Frère Gérard, désirait vivement faire sa connaissance. Il manifesta son désir à Santorelli. Celui-ci en parla au frère, qui lui dit : « Je veux bien le satisfaire ; j'irai le visiter. » Peu de jours après, l'archiprêtre vint au couvent pour rendre visite à l'archevêque de Conza. Santorelli, le rencontrant, lui dit : « Je vais vous faire connaître le Frère Gérard. — Ce n'est plus nécessaire, répondit l'archiprêtre ; il est venu chez moi un soir, je le connais, j'en suis enchanté. » Santorelli, qui savait que le frère n'était pas allé à Téora, conduisit l'archiprêtre dans un lieu où Gérard se trouvait avec d'autres frères, et lui dit : « Voyons, lequel est le Frère Gérard ? » L'archiprêtre le lui montra sans hésiter.

Un domestique de di Grégorio de Lacédonia était étendu sur un lit de douleur et endurait d'intolérables souffrances. Une nuit il s'écria : « O mon cher Frère Gérard, où êtes-vous ? Pourquoi ne venez-vous pas me délivrer ? » A l'instant même le charitable rédemptoriste se présente : « Mon fils, me voici : je viens vous assister ; confiez-vous en Dieu, et soyez guéri. » Puis il fait un signe de croix sur le front du malade, qui se lève aussitôt, complètement guéri.

Théodore Cleffi de Caposèle, sortant d'un long entretien avec Gérard, rendit visite, en retournant chez lui, à un malade fort nécessiteux : « Je n'ai besoin de rien, dit le pauvre, car le Frère Gérard me quitte à l'instant même et m'a donné tout ce qu'il me fallait.— C'est faux, dit Cleffi, car je viens de quitter le frère, après avoir eu avec lui un long entretien.» Mais le pauvre continua d'affirmer que le serviteur de Dieu venait de le quitter, et, en preuve du fait, il montra ce qu'il avait reçu de sa charité.

Gérard promit un jour à la famille Santorelli de venir la visiter dans la soirée. Le médecin se laissa aller à un rire d'incrédulité. « Je ne plaisante pas, » dit le frère. De fait, la sœur du médecin vit le serviteur de Dieu ce soir-là même, et elle assurait qu'elle aurait pu affirmer, sous la foi du serment, que ce n'était point une imagination.

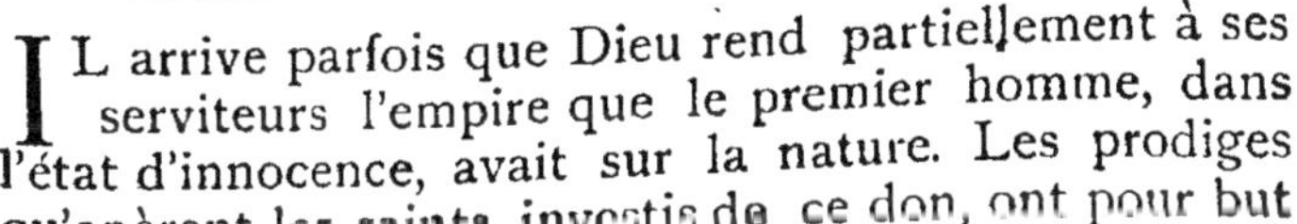

7. Son pouvoir sur la nature.

IL arrive parfois que Dieu rend partiellement à ses serviteurs l'empire que le premier homme, dans l'état d'innocence, avait sur la nature. Les prodiges qu'opèrent les saints investis de ce don, ont pour but soit de secourir le prochain, soit de réprimer le mal, soit de faire éclater la sainteté elle-même. Il semble que le créateur avait mis toute la création au service de Gérard.

Un jour, sur la route d'Andria à Corato, il rencontre un cultivateur qui se lamentait : les souris ravageaient tout le champ qu'il avait ensemencé, l'unique ressource de sa pauvre famille. « Voulez-vous qu'elles meurent, ou qu'elles s'en aillent ailleurs? » demande le frère, ému de compassion. « Je préfère qu'elles meurent, » répond le paysan. Gérard lève la main, fait le signe de la croix vers le champ dévasté, et à l'instant même le sol se couvre de souris mortes ou mourantes. A la vue de ce prodige, le campagnard, ivre de joie et hors de lui, se met à courir à Corato, en s'écriant : « Le saint arrive ! Le saint arrive ! »

Il suffisait à Gérard d'appeler les petits oiseaux, pour qu'ils vinssent se percher sur sa main. Un neveu de l'archiprêtre don Salvadore d'Olivéto tenait un petit oiseau en cage. Gérard, après l'avoir caressé, lui rendit la liberté. A la vue de l'oiseau qui s'envolait, l'enfant se mit à pousser des cris déchirants. Pour l'apaiser, le bon frère se rendit à la fenêtre : « Reviens, dit-il, reviens, petit oiseau, car l'enfant pleure. » Aussitôt l'oiseau vint se poser sur la main du serviteur de Dieu, qui le rendit à l'enfant.

Un jour qu'il était à table, dans notre couvent de Caposèle, il appela, par un signe de la main, les oiseaux qui gazouillaient dans le voisinage. Ces charmantes petites créatures, dociles aux ordres de celui qui obéissait si fidèlement à son Dieu, vinrent à l'instant même voltiger autour du saint religieux et se placer sur la table en face de lui. Leurs yeux étaient fixés sur les siens, et ils semblaient prêter une oreille attentive aux paroles pleines de douceur et de simplicité qu'il leur adressait, comme s'ils eussent été doués d'intelligence.

Les éléments étaient soumis à Gérard. On l'envoya un jour en commission à Caposèle. Mais à peine fut-il en route, qu'il survint une pluie torrentielle. Le Père Recteur dépêcha aussitôt un messager pour le faire revenir. Or, quand l'obéissant religieux rentra, pas une goutte de pluie n'avait mouillé ses vêtements. — Il fit le même miracle en faveur de sept postulantes qu'il conduisait au couvent.

Le fait suivant est encore plus merveilleux. Un père conduisait un jour ses deux filles au monastère, et Gérard leur servait de guide. Tout à coup, une rivière, gonflée par les pluies, s'oppose à leur passage. Mais sur l'ordre du saint religieux, voilà que les eaux se séparent, comme jadis le Jourdain à la voix de Josué, et forment une double muraille pour laisser passer les voyageurs à pied sec.

Les lois de la pesanteur disparaissaient devant la volonté du grand ami de Dieu. Passant par Sénerchia, il trouva les habitants dans une grande perplexité. Ils s'affligeaient de ne pouvoir descendre de la montagne voisine plusieurs gros châtaigners, qui devaient servir à la construction de leur église paroissiale. Gérard, toujours compatissant, se fit conduire sur la montagne. Ces arbres étaient, en effet, d'une grosseur extraordinaire ; mais lui, attachant une corde à l'un des plus gros, dont la pesanteur avait défié les efforts des bœufs et des buffles, s'écria : « Créature de Dieu, au nom de la très sainte Trinité, je t'ordonne de me suivre. » Puis, au grand étonnement des spectateurs, il le tira seul et sans effort jusqu'à l'église. A la vue de ce prodige, le peuple se remit au travail avec courage, et bientôt tous les arbres furent descendus de la montagne.

Gérard opéra un prodige du même genre, et plus merveilleux encore, à Naples, en présence d'une multitude de témoins. Un jour qu'il passait sur le bord de la mer, il aperçoit une foule immense qui remplissait les airs de gémissements et de clameurs. Une tempête furieuse était déchaînée, et l'on regardait avec effroi une barque chargée de passagers qui allait s'abîmer dans les flots écumants. Ému de compassion, le serviteur de Dieu fait le signe de la croix sur l'élément en fureur, rejette son manteau sur ses épaules, et s'avançant au milieu des vagues, il crie à la barque : « Au nom de la très sainte Trinité, arrête-toi. » A l'instant il la saisit, la conduit comme un liège flottant, et la ramène au rivage, sortant lui-même des eaux sans avoir même les habits mouillés. « Miracle ! miracle ! » crie-t-on de toutes parts, avec un enthousiasme indes-criptible. Les assistants voulaient l'entourer, pour lui donner des témoignages de vénération ; mais l'humble frère prit aussitôt la fuite à travers la ville, comme s'il eût commis un crime, et alla se réfugier chez un ami, d'où il ne sortit que lorsqu'il fit nuit. « Comment avez-vous pu tirer cette barque, lui demanda le Père Margotta ? — O mon Père, quand Dieu veut, tout est possible. » Interrogé plus tard par le Père Cajone sur ce même prodige, il répondit en souriant : « Je l'accrochai avec deux doigts et la tirai à terre. Dans l'état où je me trouvais alors j'aurais bien volé dans les airs. »

Le lendemain, le chanoine Bozzio étant venu à Naples pour affaires, ne manqua pas de visiter son ami, et ils sortirent ensemble. Ils rencontrèrent un abbé qui, désignant du doigt Gérard, dit : « Le voilà celui qui s'est jeté hier dans les flots. » Le frère qui espérait n'être pas reconnu, en fut vivement contrarié, et se mit à presser le pas. Le chanoine ne pouvant le suivre lui cria : « Attendez-moi donc ! arrêtez ! » Mais lui de courir plus vite encore. Pour comble de malheur, des lazzaroni se mirent à le poursuivre en criant : « Le saint ! le saint ! voici le saint ! » Toutefois il parvint encore à s'esquiver, et le chanoine apprit d'un des lazzaroni la scène de la veille.

La vie des saints nous apprend qu'il s'en est rencontré quelques-uns qui avaient le don de se rendre invisibles aux regards des hommes. Cette faveur ne fut point refusée à notre pieux rédemptoriste. Sans cesse entouré de prêtres et de laïques, le bon frère ne trouvait plus le temps de se recueillir. Ayant donc demandé au Père Recteur de Caposèle de pouvoir faire un jour de retraite, celui-ci le lui accorda ; mais, ce jour-là même, comme il avait besoin de lui, il l'envoie chercher dans sa chambre, et on ne l'y trouve pas. On se rend au chœur, point de Frère Gérard ; on parcourt toute la maison, on ne le rencontre nulle part. Sur ces entrefaites, arrive Santorelli à qui le Père Recteur s'empresse de dire : « Nous avons perdu le Frère Gérard. » Santorelli lui répond : « Peut-être s'est-il caché sous le lit ; allons voir. » Et prenant un frère avec lui, il va tout examiner par lui-même, mais sans plus de succès.

« Ce n'est rien, dit-il alors; quand l'heure de la communion sera venue, vous le verrez sortir de sa retraite. » En effet, notre séraphin parut précisément alors. Aussitôt le Père Recteur l'appelle et lui demande où il avait été. « A ma chambre, » répond Gérard. « Comment ! à votre chambre, réplique le supérieur ; on y a été deux fois sans vous y trouver. » Gérard se tut en souriant, mais ayant reçu le commandement d'expliquer une chose aussi étrange, il dit avec simplicité : « Craignant d'être distrait dans ma retraite, j'ai demandé à JÉSUS-CHRIST la grâce de devenir invisible. — Pour cette fois je vous pardonne, reprit le Père Recteur, mais gardez-vous bien dans la suite de faire de semblables prières. » Or, la chambre de Gérard ne mesurait pas dix pieds carrés ; il ne s'y trouvait qu'un pauvre lit et une petite table, sans aucun autre meuble qui eût pu empêcher de l'apercevoir. « Où donc étiez-vous ? lui demanda Santorelli. Comment pouvez-vous dire que vous étiez dans votre cellule, puisque je l'ai examinée en détail avec le Frère Nicolas, et que nous n'avons pu vous y trouver ? » A ces mots, Gérard prit par le bras l'incrédule docteur, le conduisit dans sa cellule, et lui montra la place où il était assis sur un tabouret à l'entrée de la porte ! « Mais nous vous avons cherché partout sans vous voir. — C'est que, répondit-il en souriant, je me fais *quelquefois* tout petit. » Ce miracle ne tarda pas à s'ébruiter à Caposèle, si bien que les enfants pour distinguer certain jeu où l'on se cache, se disaient : « Jouons à la Frère Gérard. » Il faut s'écrier ici, avec le roi-prophète, que Dieu est admirable dans ses saints, et qu'il ne sait rien refuser à leurs prières.

Voici des merveilles plus étonnantes encore. Nous les avons puisées dans les pièces qui ont servi au procès de béatification. On avait volé un petit porc à une pauvre femme de Muro. Elle s'en allait pleurant par les rues, lorsqu'elle fit la rencontre de Gérard et lui raconta la cause de ses larmes : « Ne pleurez plus, lui dit le serviteur de Dieu. venez avec moi, je vous ferai retrouver votre petit porc. » Ils entrent dans une maison du voisinage, et y trouvent le pauvre animal tué, dépecé et cuisant dans une marmite d'eau bouillante.

Gérard s'adressant à l'animal, lui cria d'une voix forte de revenir à la vie et de suivre sa maîtresse : ce qui eut lieu à l'instant même. Cette résurrection rappelle celle de l'agneau, que nous avons relatée à la page 11.

Le fait suivant présente quelque analogie avec celui-ci. La famille Bérilli, de Calitri, se trouvait fort affligée d'avoir perdu une excellente mule. Apprenant la cause de cette tristesse, Gérard, en reconnaissance de l'hospitalité reçue, se fit conduire à l'étable, et, voyant la mule étendue sur le sol, inanimée, il fit sur elle le signe de la croix, et aussitôt l'animal se leva plein de vie, à la grande joie et à la grande admiration de tous.

En traitant de l'incomparable charité de Gérard envers les pauvres, nous avons montré le privilège merveilleux qu'il avait de multiplier les vivres. Nous citerons encore ici les faits suivants. L'humble frère ne rougissait pas de demander l'aumône. Un jour, il entre dans une chaumière et supplie la pauvre femme qui l'habitait, de lui donner un morceau de pain. « Hélas ! répond-elle, je n'ai rien qu'une poignée de farine. — Comment ! vous n'avez rien ? et ce coffre tout rempli de pain ? — Il est vide. — Voyons, ouvrez-le. » O merveille ! il était tout rempli de pain. La pauvre femme ne pouvait en croire ses yeux.

Notre Frère Antoine de Cosimo, faisant la quête dans la Basilicate, entre chez une dame aveugle, nommée Lucrèce, et lui déclare l'objet de sa visite. A l'instant même, cette dame se précipite en s'écriant : « O mon cher Frère Gérard, laissez-moi vous baiser la main. — Mais je ne suis pas le Frère Gérard, dit le quêteur ; il est mort depuis plusieurs années. — Il est mort ! reprit-elle en poussant un soupir ; ah ! que c'était un grand saint ! » Alors elle raconta comment, dans un temps de disette, ce compatissant frère lui avait prédit que le seul boisseau de farine qui lui restait, lui suffirait pendant toute une année, jusqu'à l'époque de la moisson nouvelle. « Or, continua-t-elle, cette prophétie s'est accomplie à la lettre. Avec ce seul boisseau de farine, je pus nourrir pendant un an, non seulement toute ma famille, mais encore tous mes ouvriers, et même il me resta du surplus, que je vendis pour subvenir aux nécessités de ma famille. Et l'année suivante, au jour anniversaire de la prophétie du Frère Gérard, cette farine miraculeuse s'épuisa tout à coup. Oh ! oui, c'était un grand saint que le Frère Gérard. »

Terminons cette série de prodiges par un autre fait qui montre le pouvoir de Gérard sur le monde matériel. Il s'agit de la recomposition, dans leur première forme, d'objets brisés ou endommagés. Pendant la mission de Calitri, le serviteur de Dieu laissa tomber, par mégarde, un grand vase d'huile. C'était chez Bérilli, où logeaient les missionnaires. Le vase fut mis en pièces et l'huile entièrement répandue sur le plancher. A la vue de cet accident, la fille de la maison se mit à éclater en reproches contre le frère, en le traitant de stupide et de maladroit. Au bruit qu'elle faisait, la dame Bérilli accourt : « Ce n'est rien, ma fille, lui dit-elle, cette huile ne sera pas perdue ; je la recueillerai avec de la laine. » Elle alla donc chercher de la laine. Lorsqu'elle reparut, quelle ne fut pas sa surprise de voir le vase parfaitement refait et contenant plus d'huile qu'il n'y en avait auparavant.

La veuve Victoire Bruno, de Melfi, avait vendu une certaine quantité de vin ; mais lorsque l'acheteur vint chercher la marchandise, il se trouva qu'un fût tout entier était gâté ; ce qui fit résilier le contrat. Gérard étant venu ce jour-là dans cette maison, on lui raconta le fait et la perte du vin. « Ce n'est rien, répondit-il, ce n'est rien ; » et en même temps il conseilla à la veuve affligée de mettre dans le tonneau une petite image de l'Immaculée-Conception, en affirmant que le vin redeviendrait bon. Et comme Victoire hésitait à suivre ce conseil : « Mais, dit le bienheureux, est-ce vous qui ferez reprendre à ce vin ses bonnes qualités ? Non, mais c'est Dieu ; c'est pourquoi faites ce que je vous dis. » La femme obéit, et le vin récupéra aussitôt sa bonté primitive.

Se trouvant chez di Grégorio, à Lacédonia, Gérard avait également, par un signe de croix, rendu ses premières qualités à un tonneau de vin devenu aigre.

8. Son pouvoir sur les maladies.

D'APRÈS les contemporains de Gérard, les guérisons miraculeuses qu'il opéra pendant sa vie sont tellement nombreuses, qu'il faudrait des volumes entiers pour les transcrire. Dieu semblait l'avoir établi le lieutenant de sa toute-puissance. Aucun genre d'infirmités ne résistait à la voix du nouveau thaumaturge. Nous l'avons déjà montré bien des fois dans les pages qui précèdent.

Une petite fille d'Auletta, percluse de naissance, ne pouvait faire aucun mouvement. On pria Gérard de la recommander à Dieu. « Mais cette enfant est guérie, » répondit-il. En disant ces mots, il l'appelle, et, au grand étonnement des assistants, l'enfant saute du lit, et va baiser la main de son bienfaiteur. Pendant que le peuple rassemblé criait : « Miracle ! miracle! » Gérard, tout confus, courut se cacher dans la maison du prêtre Abondati. Le peuple l'y suivit, ne cessant de crier : « Le saint ! le saint ! » Le bon religieux, épouvanté, s'évada par une porte dérobée. Le Frère François Fiore passant à Auletta plusieurs années après, on lui montra cette fille en disant : « Voilà celle que le Frère Gérard a guérie. »

Une mère vint un jour lui présenter un enfant qui avait les jambes toutes contournées. A peine l'admirable serviteur de Dieu eut-il touché les jambes de l'enfant, qu'elles furent redressées.

Un étranger, qui se trouvait par hasard dans notre maison de Caposèle, fut subitement atteint de cruelles douleurs de sciatique. Ce qui l'attristait surtout, c'était de se voir réduit à un si triste état, loin de sa famille. Gérard, informé de son affliction, se hâte d'aller le visiter, l'anime à la confiance en la très sainte Vierge, et le quitte en faisant sur lui le signe de la croix. Au même instant le mal cesse pour ne plus jamais se reproduire.

En 1753, une cruelle épidémie vint ravager la ville de Lacédonia. Elle faisait des victimes sans nombre, et la cité entière était dans le deuil. L'évêque fit venir Gérard. Le thaumaturge fut accueilli comme un ange du ciel. A voir l'allégresse des habitants, on eût dit que le fléau avait déjà disparu. Le passage du serviteur de Dieu dans cette ville désolée ressembla à celui du Sauveur à travers les villes et les bourgades de la Judée. Le chanoine Saponiéro fut le premier à ressentir la salutaire influence de sa présence. Il allait mourir, lorsque Gérard vint le visiter : « Monsieur l'archidiacre, lui dit-il, rendez gloire à Dieu, car vous voilà guéri. » Il lui trace en même temps sur le front un signe de croix qui lui rend une santé parfaite. Il guérit de même le frère de l'archidiacre qui se trouvait à l'extrémité : « Béni soit le Seigneur ! » s'écria le malade en voyant entrer Gérard. « Réjouissez-vous, répondit le saint, vous n'avez plus de fièvre. » Le mal, en effet, avait disparu. Tous les malades de Lacédonia réclamèrent la faveur de le voir. On le vit donc, parcourant la ville, et, sans faire acception de personnes, distribuant à tous les consolations de sa charité. Il exhortait les uns à la patience, disposait les autres à la mort ; il en guérit un grand nombre. On eût dit qu'une vertu céleste sortait de sa personne pour guérir les corps et les âmes.

Un jour que Gérard se trouvait gravement malade et retenu au lit chez l'archiprêtre don Salvadore, à Olivéto, le Frère François Fiore vint l'y rejoindre. En arrivant, François avait un tel accès de fièvre, qu'il dut se coucher au plus vite au rez-de-chaussée. Lorsque Gérard en fut averti, il dit à l'archiprêtre et à son frère qui était médecin : « Veuillez dire au Frère François qu'il doit, par obéissance, renvoyer la fièvre, se lever et venir me trouver, car je ne puis, avec la mission qui m'est confiée, passer mon temps à soigner un malade. » Le docteur sourit, mais Gérard répliqua : « Veuillez, s'il vous plaît, faire ce que je vous demande. » A cet ordre de Gérard, le Frère François fut subitement rétabli, et put se rendre immédiatement auprès de son saint compagnon ; et, comme le médecin admirait une guérison si prompte : « Ne vous en étonnez pas, dit le serviteur de Dieu, c'est l'effet de la sainte obéissance. » — La sœur de l'archiprêtre était aussi retenue au lit par la même fièvre maligne. Gérard étant allé la voir, lui dit : « Vous voilà guérie. » Le médecin constata,en effet,qu'en ce moment-là même la fièvre cessa.

Barthélemi Melchiore, de Bissaccia, jeune marié, était tombé dans une sórte de marasme, qui le faisait passer pour stupide ou possédé du démon. On l'avait conduit à Campagna pour implorer l'intercession de saint Antoine,mais sans succès. En voyant le malade, Gérard lui dit : « Ce n'est rien, mon ami, la santé reviendra. » Il récita quelques prières sur la tête du patient, qui se trouva soudain rétabli et se mit à chanter avec son libérateur un cantique d'actions de grâces.

Lella Cocchia, dont nous avons déjà parlé,était tombée en démence depuis plusieurs mois, et proférait mille horreurs. Gérard, en faisant sur elle un simple signe de la croix,lui rendit une santé si parfaite,qu'elle se mit aussitôt à chanter les louanges de la très sainte Vierge.

Une dame de Calitri, nommée Angèle Rinaldi, fut tout à coup saisie d'une violente migraine chez Bérilli. Apercevant le chapeau de Gérard dans un coin de la chambre,elle le mit sur sa tête en disant : « Voyons si le frère est un saint. » A l'instant même elle fut délivrée de sa douleur.

La famille Bérilli, ayant remarqué que les souliers du serviteur de Dieu étaient tout usés, lui en fit faire de neufs, et conserva les vieux par dévotion. Un enfant de la maison fut un jour atteint de vives douleurs d'entrailles ; aucun remède ne pouvait le soulager. Il lui vint alors en pensée de s'appliquer les souliers du bienheureux, et, grâce à la vertu de ces reliques, il se trouva instantanément guéri. Ces souliers devinrent célèbres à Calitri : on les faisait continuellement circuler d'un malade à l'autre, et une foule de prodiges fut la récompense de cette confiance.

Entrant un jour dans une maison d'Auletta, le bon frère trouva une fille en proie à d'horribles convulsions. Les parents le prièrent de la bénir, ce qu'il fit par le signe de la croix. Les convulsions cessèrent à l'instant,et depuis ce jour, cette pauvre fille fut tout à fait délivrée de ce mal auquel elle était très sujette auparavant.

Un pauvre jeune homme, affligé d'un cancer à la

jambe, se fit conduire à Ilicéto pour se recommander aux prières de l'humble rédemptoriste. Gérard, ému de compassion, découvre la jambe malade, et la voyant affreusement rongée par le cancer, ô héroïque mortification des saints ! il s'agenouille, approche les lèvres et les applique sur les plaies pour les nettoyer : « Confiance, mon frère, lui dit-il en finissant, vous serez guéri !» Puis il bande la jambe avec du linge propre. A l'instant même les douleurs cessèrent, et le lendemain le jeune homme trouva sa jambe radicalement guérie.

Gérard n'oublia pas sa chère cité de Muro dans la distribution des célestes faveurs. Une dame de cette ville, nommée Vétromille, avait à son service une jeune parente condamnée par les médecins. Elle en était tellement affligée, que Gérard qui l'aimait comme sa mère, en eut le cœur ému : « Ayez confiance en Dieu et consolez-vous, lui dit-il, retournez chez vous, et faites trois fois le signe de la croix sur le front de la malade, et elle sera guérie. » La dame employa le remède indiqué, et à l'instant même la fille fut guérie.

Le fils d'Alexandre Piccolo, de Muro, venait de faire une lourde chute, et se trouvait étendu sur le sol, sans parole et sans mouvement: « Il va mourir! il est perdu !» s'écriait-on de toute part. Le serviteur de Dieu, touché de l'affliction d'Alexandre, son ami et son hôte, s'approche du jeune homme, fait le signe de la croix sur son front : « Ce n'est rien, mon fils, lui dit-il, ce n'est rien. » A ces mots, le mourant se relève parfaitement guéri.

Un ouvrier de Muro vint un jour en pèlerinage à la Vierge de Caposèle, pour obtenir la guérison de son enfant affligé de scrofules. Le frère, prenant un peu de sa salive, la mit sur la gorge du pauvre petit, et promit que désormais le mal ne reparaîtrait plus. Dès lors, en effet, l'enfant fut guéri.

Un prêtre de Muro, nommé Donat Spicci, étant allé faire une retraite à Caposèle, demanda au Frère Gérard un remède pour une parente de l'archiprêtre, devenue aveugle. Le saint frère, après mille difficultés, remit au prêtre, pour l'infirme, une fiole remplie d'eau. Elle s'en lava les yeux pendant huit jours, au bout desquels elle récupéra parfaitement la vue.

N'allons pas croire cependant que le serviteur de Dieu guérît indistinctement tous les malades qui avaient la confiance de recourir à lui. L'infirmité est parfois voulue de Dieu pour le salut et la sanctification de l'âme. Mgr Muyo, évêque de Muro, reçut un jour la visite de Gérard ; il était pour lors cruellement travaillé de la goutte aux mains et aux pieds : « Mon cher Gérard, lui dit-il, priez Dieu de me délivrer de mes douleurs. — Mgr, souffrez-les avec patience, répondit Gérard, car ce n'est pas selon la gloire de Dieu que vous en soyez délivré. »

Il fit la même réponse pour Judith Frédérici. Cette fille avait complètement perdu la vue. Sa mère vint prier le thaumaturge de demander à Dieu la guérison de sa chère enfant : « Je le ferai, » dit Gérard. Mais bientôt, il vint dire à la pauvre mère : « Si votre fille recouvrait la vue, ce serait pour sa perte ; soumettez-vous donc à la volonté de Dieu. L'enfant d'ailleurs, sera bien dédommagée, car elle aura plus de talents que les autres. »

9. Son pouvoir sur les cœurs.

L'ESPRIT prophétique planait sur la tête de Gérard ; son regard pénétrait jusque dans l'intime des consciences ; il commandait en maître à la nature ; à sa voix les malades étaient instantanément guéris. Tout cela est prodigieux, sans doute ; mais il y a, dans la vie du serviteur de Dieu, une chose bien plus digne d'admiration : c'est son pouvoir sur les cœurs. Lui, humble frère servant, avait le don de convertir les pécheurs, de consoler les âmes et de les diriger dans les voies sublimes de la perfection. Il est inutile de nous étendre longuement sur ce sujet ; toutes les pages qui précèdent prouvent que Gérard avait le pouvoir de manier les cœurs à son gré.

Mgr Nicolaï, archevêque de Conza, vint passer quelques jours au couvent de Caposèle, accompagné d'un secrétaire qui n'était pas dans les ordres sacrés. C'était un homme jovial, d'une grande aptitude aux affaires, et, par suite, cher au prélat. Hélas ! sa conscience se trouvait dans un état bien déplorable. Dieu le révéla à son grand serviteur. Pour gagner la confiance de cet étranger, le zélé rédemptoriste fit en sorte de le rencontrer partout, lui parlant toujours avec amabilité, répondant à ses bons mots, riant de ses saillies. Un jour, le voyant bien disposé en sa faveur, il l'appelle en particulier et le conduit à l'oratoire. Là, se jetant à ses pieds, il lui dit, les larmes aux yeux : « Mon ami, je ne comprends pas comment vous pouvez être si gai, en vivant, comme vous le faites, dans l'inimitié de Dieu. Vous ne pouvez me nier que vous êtes marié et que votre femme est à Rome. Comment donc feignez-vous d'être libre ? Comment pouvez-vous tromper ainsi une malheureuse ? » Ensuite, il lui dit depuis combien d'années il vivait de la sorte, sans penser ni à Dieu ni à son âme.

Le secrétaire, confus, se jette à genoux à son tour, et lui avoue tout, en pleurant et en implorant le secours de ses conseils et de ses prières. Gérard l'encourage en lui rappelant les miséricordes infinies de Dieu, et l'engage à prendre une résolution ferme et sincère. Le secrétaire, troublé de cette révélation inattendue, va trouver aussitôt le Père Fiocchi, et lui raconte tout ce qui venait de se passer entre Gérard et lui. « Il faut, dit-il, que ce soit Dieu ou le démon qui lui ait révélé ma vie ; mais ce ne peut être le démon, puisque je suis touché de repentir. » Après cette entrevue avec le Père Fiocchi, il se confessa, et prit la résolution de retourner à Rome et de reprendre son épouse légitime. Quand il se rendit à l'église pour communier, Gérard alla au devant de lui, et lui rappela un péché qu'il avait oublié en confession.

Le changement subit du secrétaire fut remarqué de tout le monde. D'enjoué qu'il était, il devint grave et sérieux. L'archevêque, qui ne pouvait en deviner la cause, lui demanda d'où venait cette métamorphose. Le secrétaire, fondant en larmes, lui répondit par les paroles de la Samaritaine : « Venez et voyez celui qui m'a révélé tous mes égarements. » Il dévoila ensuite à Mgr le triste état dans lequel il avait vécu, et comment il en était sorti par les soins du bon Frère Gérard.

Ce changement n'étonna pas moins l'entourage de l'archevêque. « Il y a là du mystère, dit un jour à ce nouveau converti le président du séminaire ; je ne vois plus en vous cette gaîté qui vous accompagnait partout ; quelle en peut être la raison ? — Quoi ! répondit le secrétaire, ne savez-vous donc pas ce qui m'est arrivé à Caposèle ? Mon cher chanoine, je suis marié, et le Frère Gérard, sans me connaître, m'a remis clairement sous les yeux le triste état de mon âme. » Cet homme avait une telle componction, qu'il révélait sa conduite à tout le monde, ainsi que la manière dont le charitable rédemptoriste l'avait converti. L'archevêque, voyant ces heureuses dispositions, s'empressa de le renvoyer à Rome, muni de lettres de recommandation pour Mgr Casone, son proche parent. Ce dernier entendit de la bouche même du secrétaire l'histoire de sa conversion ; ce qui acquit à Gérard un admirateur de plus. Ce prélat s'entretenant un jour avec un cardinal, lui fit connaître ce qui était arrivé au secrétaire de Mgr de Conza. Le cardinal en fut si frappé, qu'il désira faire la connaissance du saint frère, et écrivit à l'archevêque de le lui envoyer à Rome ; mais lorsque cette lettre arriva, l'ami de Dieu était passé à une meilleure vie.

L'humble frère conquit de même à JÉSUS-CHRIST un fondeur de la Calabre, qui habitait Rochetta. Un jour que Gérard passait par cette localité, on lui parla de cet homme qui vivait en concubinage au grand scandale du public. Il le fit appeler et lui remit devant les yeux ses péchés les plus secrets. Le pécheur humilié rentra en lui-même, fondit en larmes, s'empressa d'aller se réconcilier avec Dieu, et ne cessa dans la suite de persévérer dans le bien.

Un homme de Lacédonia allait mourir, la conscience chargée de crimes, et personne ne parvenait à le convertir. Gérard, invité d'aller voir cet endurci, s'y rend en toute hâte et s'étant mis à genoux, il récite un *Ave Maria*. A l'instant, le moribond s'humilie, se repent et reçoit avec grande édification les derniers sacrements.

Il y avait, dans la même ville, un riche qui vivait depuis de longues années dans l'inimitié de Dieu. Sa pauvre femme vint en larmes supplier Gérard de demander à Dieu la conversion de son mari. Il ne fallut pas longtemps au serviteur de Dieu pour changer en agneau le loup ravisseur.

Pour convertir les pécheurs, il avait parfois recours aux prodiges les plus terrifiants. Un noble qui suivait les exercices d'une retraite, s'obstinait dans son cœur à ne point abandonner une occasion de péché. Gérard le sait par révélation. Il se hâte d'appeler ce pécheur dans une chambre et le conjure de rompre ses maudites chaînes. Voyant l'inutilité de ses efforts, il se tourne vers le Seigneur et le prie de montrer à ce cœur rebelle le feu de l'enfer et les horribles tourments qui l'attendent s'il ne change point de vie. A l'instant même, la chambre se convertit en fournaise et se remplit des flammes de l'enfer. A cet horrible spectacle, le gentilhomme, tout tremblant, se jette aux pieds du saint, pleurant, soupirant et promettant de mieux vivre ; ce qu'il fit effectivement.

Gérard savait consoler les âmes aussi bien que les convertir. Un homme de distinction vint un jour faire la retraite à Ilicéto ; mais, dès les premiers sermons, il conçut un tel désespoir de son salut, qu'il se mit à rouler dans son esprit les pensées les plus noires. Sur ces entrefaites, Gérard entre dans sa chambre, et lui dit : « Qu'avez-vous donc, mon cher ami ? Chassez de votre esprit cette défiance, elle vient de l'enfer, car Dieu et la sainte Vierge sont obligés de vous aider. » Cet homme resta confus de voir ainsi son intérieur découvert, mais au même instant sa peine le quitta.

Une dame pieuse, entendant exalter la sainteté du frère, voulut lui soumettre certaines perplexités de conscience qu'elle n'osait découvrir à personne. Mais, arrivée en sa présence, elle se trouva tellement intimidée, qu'elle n'eut pas la force d'ouvrir la bouche. Gérard voyant son embarras, lui dit : « Écoutez-moi, je parlerai pour vous. » Là-dessus il lui découvrit tout ce qui se passait dans son âme. Cette dame attesta, dans la suite, que personne au monde ne connaissait ce que l'homme de Dieu lui avait révélé, et que cette visite l'avait grandement consolée.

Une religieuse bénédictine de Calitri souffrait depuis longtemps une sorte d'agonie par suite de scrupules. Gérard lui exposa toutes ses peines sans qu'elle eût besoin de dire un mot : puis il lui donna de si sages conseils, que bientôt ses peines intérieures se changèrent en d'ineffables consolations.

Gérard avait encore un don tout particulier pour attirer des épouses à l'Époux divin. C'était là, dirai-je, le don exquis de notre séraphique rédemptoriste, don qu'il devait sans doute à sa virginale pureté et à son tendre amour pour JÉSUS-CHRIST. Bien des jeunes personnes, au seul aspect de cet ange d'innocence, résolurent de se donner tout à Dieu. Quand une âme avait la vocation religieuse, il la découvrait par intuition ; alors il se faisait un devoir de la lui manifester, de l'aider de ses conseils, parfois de lui fournir la dot, et il ne se donnait pas de repos qu'il ne l'eût fait recevoir dans un couvent. Que de vierges lui durent l'entrée du cloître ! Que de monastères, grâce à son zèle, reçurent d'excellentes recrues ! Que de fois ne se fit-il pas un honneur d'accompagner les parents qui allaient offrir eux-mêmes leur fille au Seigneur ! Que de miracles n'opéra-t-il pas dans ces sortes de voyages !

Outre quantité de jeunes vierges qu'il introduisit dans ces asiles de la piété, il fit recevoir au monastère de Foggia sa nièce, les deux filles de Constantin Capucci, son ami, et douze autres jeunes personnes alliées à cette pieuse famille.

Il prédit à une jeune pensionnaire qu'elle serait un jour religieuse, qu'elle quitterait le couvent, mais qu'elle se hâterait d'y rentrer pour fuir les dangers du monde. Cette religieuse, cette même Gertrude Cécilia dont nous avons déjà parlé, mourut dans une grande ferveur en 1830.

Vincenza Palmiéri, d'une famille opulente de Naples, allait aussi terminer son éducation chez les dominicaines de Corato. Un jour Gérard lui dit : « Vous n'avez maintenant aucun goût pour la vie religieuse, vous aspirez ardemment à rentrer dans votre famille. Cependant un jour vous serez religieuse dans ce monastère ; vous y vivrez longtemps et d'une manière édifiante. » Cette prédiction se réalisa. Vincenza devint une dominicaine très fervente, et mourut âgée de près de cent ans.

Lorsque le saint frère faisait la quête pour le pauvre

couvent d'Ilicéto, la famille Cianci voulut bien lui
donner l'hospitalité. Un jour, à l'heure du dîner, il
prit par la main une petite fille de quatre à cinq ans.
« Je veux, dit-il, manger tout près de cette enfant,
parce qu'un jour elle sera religieuse. » Elle entra, en
effet, au monastère des bénédictines d'Atella, où elle
mena une sainte vie sous le nom de Sœur Maria. Dans
sa vieillesse, elle aimait à se vanter d'avoir mangé à
côté d'un saint.

 **10. Son pouvoir sur l'enfer.** 

IL nous reste à montrer le pouvoir du serviteur de
Dieu sur l'enfer. Son zèle pour le salut des âmes
et les conversions éclatantes qu'il opérait, suscitèrent
contre lui la rage des démons. Ces esprits maudits
tentèrent par tous les moyens de le décourager et de
le détourner de ses pieuses entreprises. Ils lui appa-
rurent souvent pendant le jour et pendant la nuit, le
menaçant et le maltraitant, afin qu'il cessât de leur ravir
les âmes. Ses directeurs ont attesté qu'ils allaient jusqu'à
le traîner dans les corridors de la maison. « Tu ne
veux pas en finir, lui dit une nuit le démon, eh bien,
je ne me donnerai pas de relâche que je ne t'aie enlevé
de ce monde. » Il arrivait parfois que les esprits ma-
lins se jetaient sur lui et le tenaient serré avec une
telle force, qu'il courait risque de mourir étouffé. Ils
l'accablaient de coups si nombreux et si violents, que
son corps n'était plus qu'une plaie et que ses os semblaient se briser. Un jour qu'il faisait la cuisine, plusieurs démons tentèrent de le jeter dans le feu. D'autres fois, ils se présentèrent à lui sous la forme de
chiens furieux, prêts à le mettre en pièces : « Vous
pouvez aboyer, leur disait Gérard, mais comme j'ai
avec moi Marie, ma Mère, et JÉSUS-CHRIST, mon
Sauveur, vous ne pouvez me mordre. » C'est surtout
dans la nuit du vendredi que ces combats avaient lieu.
Dans cette lutte acharnée, le fidèle serviteur du Christ
resta toujours victorieux.

Il avait conquis sur les démons un empire prodigieux.
Un dimanche, on vit deux prétendus jeunes gens

se tenir immobiles à côté de notre église, sans qu'on sût qui ils étaient ni d'où ils venaient. A peine Gérard les eut-il aperçus, qu'il alla droit à eux, et leur dit : « Que faites-vous là ? ce n'est pas ici votre place. Au nom de Dieu, retournez en enfer. » Les démons, car c'en étaient, disparurent au même instant. On ignore ce qu'ils prétendaient ; mais le fait est indubitable ; plusieurs des nôtres en furent témoins.

Voici un fait plus surprenant encore. Gérard revenant un jour de Melfi à Ilicéto, se perdit dans les forêts de l'Ofanto. La nuit déjà avancée, un épais brouillard, de sinistres éclairs, le grondement du tonnerre, les torrents roulant leurs eaux écumantes grossies par les pluies, mille abîmes masqués par l'obscurité, tout concourait à rendre affreuse la position de Gérard. Tout à coup, au détour d'un profond ravin, apparaît une forme humaine, qui se précipite vers le serviteur de Dieu et lui crie d'un ton brutal : « Voici l'heure de la vengeance ! » Gérard comprit qu'il se trouvait en présence du démon ; mais loin de s'effrayer : « Monstre abominable, lui dit-il, au nom de la très sainte Trinité, je te commande de prendre ma monture par la bride et de me conduire à Lacédonia, sans me faire aucun mal. » A cette injonction, le démon baissa la tête en murmurant, et prenant la bride, il conduisit paisiblement le cheval et son cavalier à Lacédonia. Voici comment Constantin Capucci, qui donna, ce soir-là même, l'hospitalité au bon frère, raconte le fait. « Un soir, vers les dix heures, j'entendis frapper à ma porte, et ayant demandé qui était là, je fus tout surpris d'entendre la voix du Frère Gérard. J'ouvre bien vite, et le voyant tout mouillé : « O mon cher frère, lui dis-je, comment ! c'est vous ! Mais à quelle heure et par quel temps ! — Mon cher Constantin, me répondit-il avec sa candeur accoutumée, que la volonté de Dieu soit faite ! Je reviens de Melfi, mais l'obscurité, le brouillard et la pluie m'ayant surpris, j'ai perdu le chemin, et me suis trouvé au milieu de tels précipices, sur les bords de l'Ofanto, que si Dieu n'était venu à mon secours, j'y aurais laissé la vie. Tandis que j'étais sur le bord des abîmes, quelqu'un s'avance tout à coup vers moi : « C'est ici que je te veux, me dit-il, c'est maintenant que je suis ton maître... » D'abord, je fus un peu effrayé, mais aussitôt je me recommandai à Notre-Seigneur, et je reconnus que j'avais affaire au démon: « Vilaine bête, lui dis-je, je te commande, au nom de la très sainte Trinité, de prendre la bride de ma monture, et de me conduire droit à Lacédonia, sans me faire aucun mal. » C'est ainsi que je suis parvenu à me sauver du danger, accompagné par le démon. Sans lui je n'existerais plus, je serais enseveli dans les ravins de l'Ofanto. Quand je fus arrivé devant l'église de là Très-Sainte-Trinité, l'ennemi de Dieu me dit : « Te voilà à Lacédonia, » et il disparut. Gérard raconta lui-même ce fait au Père Fiocchi et au Père Juvénal.

Une semblable aventure lui était arrivée sur le chemin de Castelgrande. Il devait franchir une montagne escarpée, et il était épuisé de fatigue. Tout à coup un cheval blanc vient s'offrir à lui. L'homme de Dieu le monte. Mais bientôt l'animal quitte la bonne route et s'engage dans un chemin bordé de précipices et aboutissant à un abîme. Sans une assistance particulière, le saint rédemptoriste allait périr ; mais dans sa confiance en Dieu, il ordonne à sa monture de reprendre le bon chemin, et elle obéit.

A la voix de Gérard, l'enfer dut parfois intervenir pour le salut même des âmes. Un homme de Castelgrande, nommé François Mugnone, était venu faire une retraite à Caposèle. Gérard le rencontrant lui dit: «François, avez-vous fait une bonne confession ?—Oui. — Non, elle n'a pas été bien faite ; regardez ce que vous avez derrière vous. » François, se retournant, vit à ses côtés le démon sous une forme horrible. Épouvanté, il alla au plus vite refaire sa confession.

Un autre pécheur vint à la retraite par respect humain. Décidé à ne point se convertir, il céla ses péchés au confesseur. Il était au chœur, assistant à la messe et se disposant à s'approcher de la Table sainte. Soudain Gérard s'approche de lui et lui fait signe de le suivre. Il l'introduit dans une chambre, et là, après lui avoir exposé toute l'énormité du sacrilège, il fait apparaître deux démons, qui, sous la forme d'ours horribles, menaçaient de l'étrangler. Tout atterré, cet homme se convertit et changea entièrement de vie.

Que de possédés durent leur délivrance à ce grand ennemi de l'enfer ! Un jour qu'il se trouvait à Olivéto, il vit un nombreux rassemblement autour d'un démoniaque qui se débattait avec rage et ne souffrait pas qu'on l'approchât. Gérard va droit à lui, et lui demande qui il est : « Je suis le diable, répond le possédé, je suis le diable. — Au nom de la très sainte Trinité, je te commande de quitter cette créature, dit le frère. — Je m'en vais, répliqua le démon, mais tu me le paieras. »

La ceinture de l'angélique frère avait une vertu particulière pour chasser l'esprit impur. Appelé un jour au secours d'un possédé, il lui suffit de l'entourer de sa ceinture, pour faire prendre au démon une fuite précipitée.

Un jour que Gérard priait dans l'église de Castel-grande, il entend un grand tumulte : c'était deux possédées qui, en le voyant, s'écriaient avec rage : « Quel est cet homme qui nous persécute partout? » Bientôt, le serviteur de Dieu voit à ses pieds deux mères de famille qui le supplient de délivrer ces deux pauvres filles depuis longtemps possédées du démon. Ému de compassion, Gérard leur remet sa ceinture : « Retournez chez vous, leur dit-il, et là mettez cette ceinture à ces pauvres filles, elles seront délivrées ; mais aussitôt après, il faut qu'elles aillent se confesser et communier ; et les démons ne reviendront plus. » Ces deux mères obéirent, et leurs filles furent délivrées.

Un autre fait de ce genre eut lieu encore dans la même église. Gérard priait devant le Saint-Sacrement, lorsque tout à coup il entend du bruit ; il accourt aussitôt et trouve une jeune fille étendue la face contre terre. C'était une possédée, qui avait coutume, surtout pendant le saint sacrifice, de vomir d'horribles blasphèmes contre le Saint-Sacrement et la très sainte Vierge et même de faire des gestes indécents. Le charitable frère, après avoir levé les yeux au ciel et adressé au Seigneur une courte prière, intime à l'esprit immonde l'ordre de cesser ses vexations. A l'instant même, la pauvre fille fut délivrée. Elle put dès lors se livrer aux exercices de la vie pieuse, à la grande admiration de toute la contrée.

Les damnés eux-mêmes étaient à ses ordres, quand il le fallait, pour la conversion des âmes. Dans une retraite prêchée à Ilicéto, un malheureux allait s'approcher de la Table sainte en état de péché. Le bon religieux court aussitôt à lui : « Mon frère, lui dit-il, voici un péché que vous n'avez pas confessé. Ignorez-vous peut-être que la communion sacrilège est un grand mal ? Si vous l'ignorez, voyez l'horrible aspect d'une âme sacrilège. » Il avait à peine achevé ces mots, qu'une âme damnée apparaît. Cette vue effrayante terrifia le pécheur et le convertit.

1. Sa dernière maladie.

UTANT l'année 1755 fut pénible à notre bienheureux, autant elle lui fut glorieuse. Il se trouvait au mois de juillet à Saint-Grégoire, continuant la quête pour la construction du couvent de Caposèle. Tout à coup il lui survint un vomissement de sang, joint à une fièvre ardente. Le médecin le fit partir pour Olivéto, où l'air moins vif convenait mieux à son état. Là, le crachement de sang, bien loin de s'arrêter, ne fit qu'augmenter. Se voyant réduit à un tel état, l'obéissant religieux écrivit à son Recteur, le Père Cajone : « Si vous voulez que je retourne à la maison, j'y retournerai immédiatement ; si vous voulez que je continue la quête, je la continuerai. Envoyez-moi une forte obédience, et tout ira bien. Je suis peiné de vous donner cette inquiétude, mais ne vous alarmez pas, ce ne sera rien. Recommandez-moi à Dieu afin que je fasse en tout sa très sainte volonté. » Le supérieur fut affligé de cette nouvelle, mais il jugea bon de confier le malade à la charité de l'archiprêtre don Salvadore, jusqu'à ce qu'il fût en état de se remettre en route.

Au bout de huit jours, Gérard, sentant que son mal empirait, jugea qu'il était temps pour lui de retourner à son couvent. Il y arriva le 31 août, dans un tel état d'épuisement qu'il ne paraissait plus un homme. « Au premier abord, écrivit le Père Cajone, je dus me faire violence pour retenir mes larmes. » Ses confrères admirèrent sa joie, et furent émerveillés de voir l'inaltérable sérénité de son âme au milieu de si grandes souffrances. La fièvre, loin de le quitter à son retour, fit tous les jours de nouveaux progrès, et bientôt elle fut accompagnée des symptômes les plus alarmants. La dyssenterie le réduisait à la plus grande faiblesse. Son corps se couvrait d'une sueur abondante. Le délire

et les évanouissements devenaient presque continuels.
Le démon le voyant réduit à cette extrémité, lui apparut et lui offrit la santé et la vie : « Va-t-en, vilaine bête, répondit l'héroïque religieux ; je ne veux que ce que Dieu veut, et je t'ordonne de ne point me molester. »

Le Père Recteur lui ayant demandé s'il se conformait en tout à la volonté de Dieu, le bon frère répondit : « Je me figure que mon lit est pour moi la volonté de Dieu, et que je m'y trouve comme cloué à cette divine volonté. Il me semble que la volonté de Dieu et moi sommes devenus une seule et même chose. » Ensuite il fit afficher sur la porte de sa chambre ces mots écrits en grands caractères : « Ici, on fait la volonté de Dieu, comme Dieu le veut, et aussi longtemps que Dieu le veut. »

Cependant l'hémorragie devenait plus forte de jour en jour. On constata qu'il avait craché plusieurs livres de sang en quatre jours seulement. Le médecin Santorelli lui demanda s'il désirait vivre ou mourir. « Ni vivre ni mourir, répondit Gérard, je ne veux que ce que Dieu veut. Je voudrais bien mourir pour aller m'unir à lui, et je m'afflige à la pensée de la mort, parce que je n'ai rien souffert pour JÉSUS-CHRIST. »

En rentrant dans sa pauvre cellule, il avait fait placer, vis-à-vis de son lit, un grand crucifix tout couvert de blessures et de sang. Il ne cessait de le considérer avec amour ; et tout faible qu'il fût, il s'agenouillait encore à ses pieds une ou deux heures par jour, pour unir ses souffrances à celles du divin Rédempteur. Son oraison jaculatoire ordinaire était : « Je souffre, ô mon Dieu, de ne pas souffrir. Souffrir, mon bien-aimé JÉSUS, et ne pas mourir. » Le Père Cajone entrant un jour dans sa chambre le trouva comme agonisant ; mais le pieux rédemptoriste jetant tout à coup les yeux sur le crucifix, ses traits s'animèrent, la rougeur vint colorer ses joues : « Ah ! mon Père, dit-il en soupirant, mais avec feu, ah ! mon Père, grand est mon désir de m'unir à mon Dieu. »

Quand sa maladie fut connue, une foule de prêtres et de laïques vinrent le visiter, désirant encore recevoir de ses lèvres quelque avis salutaire ; et, ravis de son inaltérable conformité à la volonté de Dieu, ils s'en retournaient en disant : « Voilà comment parlent et meurent les saints ! » Bien que sur le bord de la tombe, le zélé frère voulut encore écrire quelques lettres, pour consoler et affermir dans les vertus chrétiennes les âmes qui se dirigeaient d'après ses conseils.

Sur ces entrefaites le démon revint à la charge, et cette fois avec une tentation tout à fait nouvelle pour l'angélique religieux. Le Père Cajone lui ayant rendu visite, le trouva pâle et abattu, et lui en demanda la raison. Gérard sans répondre immédiatement, poussa d'abord un soupir, puis fit entendre qu'il s'agissait d'un fantôme impur. « Je ne sais pas ce que cela signifie, lui dit-il, j'ai toujours voulu du bien à mon Dieu. »

Cependant le mal allant toujours croissant, il fallut lui administrer le saint viatique. Pendant toute la cérémonie, Gérard se tint sur son lit dans un maintien si respectueux, que sa vue seule inspirait la piété et la dévotion. Le Père Buonamano, tenant en main la sainte hostie, lui adressa ces paroles : « Voici le Seigneur, qui est votre père et qui dans peu sera votre juge ; ranimez votre foi, et faites les actes préparatoires. » Le mourant répondit avec confiance et humilité : « Vous le savez, ô mon Dieu, tout ce que j'ai fait, tout ce que j'ai dit, ç'a été pour votre gloire. Je meurs content, parce que j'espère n'avoir cherché que votre volonté. » Après avoir communié, il voulut rester seul quelque temps, pour prier et répandre les affections de son cœur dans le Cœur de JÉSUS.

Le serviteur de Dieu reçut, dans sa maladie, la visite d'un jeune homme qui avait, par son libertinage, plongé plusieurs familles dans la désolation. Il n'avait aucune connaissance naturelle de cette inconduite. Toutefois, éclairé par l'esprit qui sonde les consciences, il lui dit dès qu'il l'aperçut : « Comment avez-vous l'audace de vous présenter ici, vous qui faites répandre tant de larmes ? Et maintenant vous voudriez que JÉSUS-CHRIST vous fasse grâce ! » Puissent ces paroles avoir remis dans le bon chemin cet infortuné !

Le 6 septembre, le malade s'affaiblissant toujours, on allait lui donner l'extrême-onction, lorsqu'arriva, à

son adresse, une lettre du Père Fiocchi, son directeur,
qui lui ordonnait de cesser tout crachement de sang
et de recouvrer la santé. Le supérieur était alors absent.
Gérard, après avoir lu la lettre, la mit avec respect sur
son cœur. Sur ces entrefaites, Santorelli entra, et le
trouvant fort recueilli, tenant la lettre en main, il lui
demanda ce que c'était. Le saint frère répondit : « C'est
l'obédience que le Père Fiocchi m'envoie : il veut que
je ne crache plus de sang. — Eh bien, reprit le médecin, que pensez-vous faire ? » Pour toute réponse,
Gérard dit à l'infirmier : « Enlevez ce bassin. » Dès
lors le crachement cessa, mais la dyssenterie continua.
A quoi sert, lui dit le médecin, de cesser de cracher
du sang, si vous laissez subsister l'autre mal? — Je n'ai
pas reçu d'obédience pour cela », répliqua le malade.
Le médecin alla vite trouver le Père Garzilli, pour lui
dire de faire comprendre au Frère Gérard que l'obédience voulait qu'il se rétablît tout à fait, et non en
partie. Le Père se rendit auprès du malade : « Est-ce
bien sans scrupule, lui dit-il, que vous obéissez ainsi?
Le Père Fiocchi vous commande, non pas seulement
d'arrêter le crachement de sang, mais aussi de chasser
la fièvre, et de vous lever en bonne santé. » Gérard
répondit humblement : « S'il en est ainsi, mon Père,
je vais obéir en tout. »

Quand le médecin se présenta dans l'après-midi,
Gérard lui dit : « Demain je sortirai du lit. » Et voyant
Santorelli sourire : « Oui, reprit-il, demain je me lève-
rai, et même, si vous le voulez, je suis prêt à manger.»
Le médecin, voyant ce ton d'assurance du malade,
voulut faire un essai. On venait précisément d'apporter un panier de pêches. En les voyant, le médecin dit :
« Si vous me promettez d'exécuter l'obédience du Père
Fiocchi, je vous permets d'en manger une. — Que
l'obédience se fasse, répondit le frère, et que Dieu en
soit glorifié ! » Dès qu'il en eut mangé une, on lui en
donna une seconde, puis une troisième. Le lendemain
matin, Santorelli va droit à la chambre de Gérard, et
ne le trouvant point, il demande ce qu'il est devenu.
On lui répond qu'il se promène au jardin: « O vertu de
la sainte obéissance,s'écrie cet homme de foi,quels prodiges n'opérez-vous pas ! » Il se rend aussitôt au jardin,

et Gérard lui dit: « Docteur, je serais mort aujourd'hui si Dieu n'avait pas voulu manifester combien il aime l'obéissance. Sachez toutefois que c'est de cette même maladie et dans cette année même que je mourrai. » Grande fut la joie de la communauté, quand on vit le bienheureux reprendre sa place au réfectoire. Un menuisier de Muro, nommé Philippe Galella, travaillait alors dans le couvent : « Mon cher compatriote, lui dit Gérard, j'aurais dû mourir le 8 septembre, mais le Seigneur a prolongé ma vie de quelques jours. »

2. Ses derniers moments.

GÉRARD, le saint de l'obéissance, obéissant jusqu'à la mort, comme son divin Maître, se rétablit, mais sa vie ne devait plus être de longue durée. Voyant que ses confrères se réjouissaient de sa guérison, il leur dit : « C'est pour manifester sa gloire et montrer ce que peut l'obéissance, que Dieu en a agi ainsi à mon égard ; mais je vais mourir : dans peu de jours je serai dans l'éternité. » Le 5 octobre, la fièvre le reprit, ainsi que la dyssenterie et les crachements de sang. La veille, il avait dit à son ami Santorelli : « Docteur, l'autre jour j'ai accompli l'obédience, mais souvenez-vous que je vous ai dit que je mourrais bientôt : le temps est arrivé : je suis atteint d'un mal sans remède. » Il se remit donc au lit, et ne pensa plus qu'à se préparer à la mort.

L'amant du divin Crucifié avait eu toute sa vie une soif ardente de participer aux douleurs de la Passion de JÉSUS-CHRIST. Sentant sa fin approcher, il demanda au Seigneur la grâce d'éprouver les peines intérieures et extérieures que souffrit JÉSUS dans son agonie. Bien qu'il fût attentif à cacher ses souffrances, il ne put cependant empêcher qu'on n'en connût quelque chose. Un jour qu'il s'entretenait seul avec son crucifix, il s'écria : « Seigneur, assistez-moi dans ce purgatoire. » Le médecin, qui entrait en ce moment, entendit ces paroles et lui en demanda la signification : « Cher docteur, répondit le malade, j'ai demandé instamment à JÉSUS-CHRIST de pouvoir acquitter mes dettes en ce monde en souffrant par amour pour lui, et il m'a exaucé. Je souffre un vrai purgatoire, mais je me console en pensant que je fais plaisir à JÉSUS-CHRIST. » Un autre jour il lui dit encore : « Je souffre un martyre : je n'ai plus la force de parler. »

Un prêtre, nommé Gérard Gisone, qui plus tard entra dans la Congrégation, vint le consulter sur les affaires de sa conscience. Le saint frère, avant même de l'avoir entendu, lui révéla l'état de son âme et lui donna de sages conseils; après quoi il lui dit: « Priez pour moi, car je souffre extrêmement.—Que souffrez-vous donc? —Je suis dans les plaies de JÉSUS-CHRIST, et ses plaies sont en moi. Je ressens toutes les peines et toutes les douleurs que JÉSUS-CHRIST souffrit dans sa Passion. »

Cet état de souffrance, loin de l'affliger, le consolait beaucoup. Il ne se plaignait que d'une chose : c'était d'être à charge à la communauté. Le médecin lui ayant prescrit un remède, ordonna qu'un frère veillât pour le lui donner vers minuit. « Oh ! Docteur, s'écria le charitable religieux, voilà qui s'appelle me faire souffrir. » Et il répéta ces mots avec les signes d'un vif déplaisir. Les prières faites en commun, pour obtenir sa guérison, lui faisaient également de la peine. » Je ne suis qu'un être inutile, disait-il, je ne mérite pas tout cela. » Pensant aux dépenses occasionnées par les médicaments, il s'écriait tout affligé : « De quelle utilité ai-je donc été à la Congrégation, pour qu'elle s'impose tant de frais pour moi ? »

Le Frère Etienne Sperduto lui demanda un jour s'il n'avait pas d'inquiétudes : « J'ai tout fait pour l'amour de Dieu, répondit Gérard ; en toutes choses je l'ai eu en vue. Je me suis toujours tenu en sa présence ; et comme je n'ai désiré que sa divine volonté, je meurs tranquille. »

Sa sainte indifférence pour les remèdes quels qu'ils fussent, et sa parfaite obéissance au médecin et à l'infirmier, ne se démentirent jamais. Quand on lui présentait quelque breuvage amer, il le prenait à l'instant, malgré les répugnances naturelles qu'excitaient en lui de fréquents vomissements. On l'entendait quelquefois s'écrier : « Mon Dieu, je n'en ai pas la force ! » mais au seul mot d'obéissance, il prenait tout ce qu'on voulait.

Un prodige vint alors attester la sainteté du malade. Une odeur délicieuse et toute céleste, qui ne peut être comparée à aucun parfum de la terre, remplit l'infirmerie. Ce phénomène parut d'autant plus étonnant qu'il contrastait avec le caractère même de la maladie et les transpirations continuelles du mourant.

Dieu voulait sans doute attester par cette merveille la parfaite pureté de son serviteur. Du reste, ce n'était pas la première fois qu'on remarquait cette odeur suave. Le frère qui le soignait, lui dit un jour: « Frère Gérard, vous portez des parfums sur vous, malgré la défense de la règle. — Nullement, » répondit le bienheureux. Cependant, comme cette odeur se faisait de plus en plus sentir, l'infirmier crut qu'il était de son devoir d'accuser Gérard auprès du Père Recteur. Celui-ci excusa le malade en disant que Dieu lui avait fait une grande faveur, sans dire davantage. Le frère ne tarda pas à remarquer que cette bonne odeur provenait du pus et du sang que le bienheureux crachait. Déjà, à Olivéto, la chambre de Gérard respirait une odeur de paradis, de sorte que, suivant l'attestation de Joseph Salvadore, quand les gens d'Olivéto venaient pour parler au saint homme, c'était cette odeur même qui leur indiquait sa chambre.

Le 13 octobre, Gérard reçut la visite du médecin don Salvadore d'Olivéto, accompagné de l'abbé Prosper d'Aquila et d'un jeune villageois. Celui-ci, dans sa timidité, n'osait entrer dans la chambre. Mais l'ami de Dieu l'appela, lui montra le clavecin qui, par hasard, se trouvait là, et le pria de jouer un morceau. Grand fut l'embarras du campagnard à cette plaisante proposition. Aussi les visiteurs ne purent s'empêcher d'en rire. Le saint malade insiste. Pressé par les assistants, le jeune homme, qui ignorait même les premiers éléments de l'art musical, se met au clavecin, pose ses lourdes mains sur le clavier, et en tire les plus mélodieux accords. Il avoua que, tandis qu'il touchait l'instrument, ses doigts obéissaient à une irrésistible impulsion.

Le malade communiait chaque matin. Le 15 octobre, fête de sainte Thérèse, il dit à Santorelli : « Cher docteur, recommandez-moi à sainte Thérèse et communiez à mon intention. » Lui-même communia ce jour-là en viatique avec une piété ravissante : « C'est un ange, disaient les assistants émus, c'est un séraphin qui s'unit à la divine essence. » En preuve de sa foi vive et de son amour ardent pour la divine Eucharistie, il demanda le corporal sur lequel avait reposé la sainte hostie, le plaça sur son cœur et l'y garda jusqu'à son dernier soupir.

Ce jour-là on entendit dans la chambre du séraphique mourant un concert tellement ravissant que le Père Pétrella qui en fut témoin, se crut transporté en paradis. C'étaient les anges du ciel qui convoquaient un ange de la terre aux noces de l'Agneau. Gérard prédit alors l'heure précise de sa mort : « Aujourd'hui, fête de sainte Thérèse, dit-il, c'est récréation de règle pour la communauté ; demain ce sera encore récréation. — Pourquoi cela ? — Parce que je mourrai cette nuit. » Dans la soirée, il demanda quelle heure il était : « Six heures, lui répondit-on. — Il me reste donc encore six heures à vivre, » ajouta-t-il. Il dit alors à l'infirmier : « Mon cher frère, cette nuit, à telle heure, je dois mourir. Habillez-moi, car je veux réciter l'office des morts pour mon âme. »

Comme le médecin voulait se retirer, Gérard, contre sa coutume, l'engagea à rester, pressentant sa mort prochaine. Santorelli, le trouvant un peu mieux, s'en excusa, alléguant qu'il avait d'autres malades à visiter. Le lendemain, le docteur comprit que le saint frère, son intime ami, eût désiré le voir présent à son dernier soupir.

Vers sept heures, arriva un messager d'Olivéto, porteur d'une lettre adressée au Frère Gérard. C'était l'archiprêtre qui priait le bienheureux de recommander à Dieu une affaire qui intéressait sa paroisse. Il commençait la bâtisse d'un sanctuaire à la Mère de Dieu. Or, un grand four à chaux, nécessaire à l'entreprise, menaçait de s'écrouler. Le saint religieux, à qui

Dieu avait révélé le contenu de la lettre, dit au messager, dès qu'il l'aperçut : « Qu'on aille en avant ; le four ne souffrira aucun dommage. » Puis, remettant à l'envoyé un peu de poussière du tombeau de sainte Thérèse, il ordonna qu'on la jetât sur le four à chaux. La prédiction s'accomplit à la lettre.

La langue humaine ne saurait exprimer avec quelle présence d'esprit et avec quelle humilité il se préparait à comparaître devant son Juge. Bien qu'il eût conservé l'innocence baptismale, on l'entendait réciter le *Miserere*, assis sur son lit, avec une dévotion qui attendrissait jusqu'aux larmes tous ceux qui l'approchaient.

Vers huit heures, il répéta plusieurs fois : « Mon Dieu, où êtes-vous ? montrez-moi votre face. » Et se tournant vers les assistants, il leur dit : « Aidez-moi à m'unir à mon Dieu. » On lui demanda s'il n'avait pas d'inquiétude de conscience. « Qu'allez-vous me parler d'inquiétude ? » répondit-il vivement.

Entre dix et onze heures, il s'écria tout agité : « Que font là ces deux misérables ? Vite, mettez-les à la porte. » C'étaient sans doute deux démons. Reprenant aussitôt sa sérénité, il dit d'un air tout joyeux : « Voici la Madone, mettons-nous à genoux. » Et s'agenouillant sur son lit, il parut absorbé dans une profonde extase.

Pendant les deux dernières heures de sa vie, le saint rédemptoriste tint continuellement les yeux fixés sur le crucifix et sur l'image de la très sainte Vierge, ne cessant de répéter les saints noms de JÉSUS et de Marie. « Mon Dieu, s'écriait-il souvent, je veux mourir pour vous plaire, je veux mourir pour faire votre sainte volonté. » Quand les forces lui manquèrent, il fit ces actes à voix basse.

Comme la nuit était déjà avancée, et que personne ne s'imaginait qu'il mourrait si tôt, toute la communauté se retira, à l'exception du frère chargé de veiller. Un peu avant sa mort, il demanda à boire. L'infirmier courut lui chercher un peu d'eau. A son retour, trouvant le malade incliné vers la muraille, il le crut endormi. Mais bientôt il s'aperçut que l'agonie commençait, et il s'empressa d'éveiller le Père Buonamano. Celui-ci accourut, et pendant qu'il prononçait la formule de l'absolution, la belle âme de Gérard s'envola vers son Dieu, détachée de son enveloppe terrestre, moins par la force de la maladie, que par l'ardeur du divin amour, d'après la déposition des témoins. Ces dernières paroles sont du postulateur même de la cause: *Potius amore, quam morbo consumptus, uti deponunt omnes fere testes, animam Deo reddidit.*

3. Ses funérailles.

AINSI mourut notre séraphin, dans la nuit du 15 au 16 octobre 1755, vers minuit. Il était âgé de vingt-neuf ans et demi. Dès qu'il eut expiré, son corps exhala une odeur si agréable que tout le couvent en fut embaumé. Il apparut, à cette heure-là même, à une personne pieuse qui lui était très dévouée, revêtu de sa soutane de religieux. Mais peu après, il lui apparut une seconde fois, richement vêtu et tout resplendissant de gloire : « Oh ! lui dit-il, que Dieu récompense largement les petites peines qu'on souffre pour lui sur la terre ! » Il apparut aussi, à la même heure, au Père Pétrella, et lui découvrit un rayon de la gloire dont il était couronné dans le ciel.

Le Père Buonamano, qui remplaçait le supérieur absent, ordonna aussitôt une discipline en commun, pour remercier le Seigneur d'avoir accordé à un membre de la Congrégation une si sainte mort. L'allégresse était dans tous les cœurs. On eût dit que chacun voyait le saint rédemptoriste dans la gloire du ciel. Au milieu de ces transports, un frère alla sonner la cloche à la manière des grandes solennités. Comme on l'en réprimandait, il avoua avoir agi par une impulsion qu'il n'était pas maître de réprimer.

Vers trois heures du matin, le Père Buonamano, poussé par une inspiration d'en haut, fit faire une saignée au saint corps : « Frère Gérard, lui dit-il, vous avez toujours été obéissant pendant votre vie ; je vous commande, au nom de la très sainte Trinité, de nous donner une preuve de votre sainteté. » On ouvrit la veine du bras droit. Il en sortit aussitôt plus de deux livres d'un sang vermeil. Ce prodige mit le comble à la joie commune. On s'empressa de tremper dans ce sang des linges, qu'on distribua ensuite aux amis du serviteur de Dieu.

La nouvelle de cette sainte mort ne fut pas plus tôt divulguée, que la foule accourut de tous les environs : pauvres et riches, laïques et prêtres, séculiers et réguliers, tous voulaient vénérer le corps de celui qu'ils appelaient un saint. L'un citait une prophétie vérifiée en sa personne ; un autre disait que son intérieur avait été pénétré par Gérard ; un troisième racontait qu'il avait été remis par lui dans le chemin du bien. Les pauvres surtout, les pauvres que le charitable serviteur de Dieu chérissait tant, disaient en pleurant : « Nous avons perdu notre père ! » Bientôt le peuple ne se contenta plus d'exalter sa sainteté : il commença à couper ses cheveux et ses vêtements ; de sorte qu'on dut poster des gardes.

Une dame de Caposèle, Rosa Sturchio, qui avait toujours eu pour Gérard la plus profonde vénération, vint en pleurant s'agenouiller devant sa dépouille mortelle, le suppliant de lui laisser une relique en souvenir et comme signe de sa protection. Tout à coup, ô prodige ! le bienheureux ouvre la bouche et laisse tomber une dent. Cette dame la recueillit comme un trésor. Cette relique opéra deux grands miracles dans sa famille : le premier fut de rendre instantanément la santé à sa fille déjà réduite à l'agonie ; le second fut d'accorder une heureuse délivrance à sa nièce au moment où la mort paraissait imminente.

Vinrent enfin les funérailles en présence de milliers de personnes accourues de toutes parts. Le Père Garzilli chanta la messe, et le Père Buonamano fit une allocution si touchante, qu'elle arracha des larmes à tout l'auditoire.

Avant d'ensevelir le saint corps, le Père Ministre fit faire une seconde saignée, en commandant à Gérard, comme la première fois, de donner du sang. Or, il en jaillit abondamment. On remarqua que les membres demeuraient flexibles. Une sueur découlait du front en telle abondance, qu'on put la recueillir dans des mouchoirs. Le cercueil fut déposé dans un lieu particulier en face de la sacristie.

Le peintre n'étant pas arrivé à temps pour prendre

le portrait du serviteur de Dieu, on dut se contenter d'un moule en cire. Plus tard, on essaya de tirer un portrait d'après ce moule. Comme on ne pouvait le réussir, le Père Cajone, de retour alors à la maison, s'adressa au saint frère: « Mon cher Gérard, lui dit-il, le peintre ne peut parvenir à faire votre portrait ; indiquez-lui comment il doit s'y prendre. » Après cela l'artiste réussit à merveille ; il lui semblait, disait-il, que quelqu'un l'aidait à manier le pinceau. Le portrait représente le saint rédemptoriste dans la position où l'archiprêtre don Salvadore le vit en extase à Olivéto, tenant le crucifix d'une main et appuyant l'autre sur la poitrine.

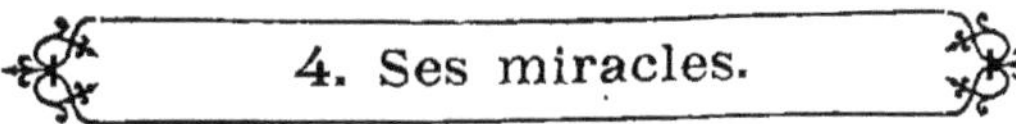

4. Ses miracles.

« LE souvenir des méchants périt avec eux, mais la mémoire du juste demeure éternellement,» dit le Seigneur. A peine le très fidèle serviteur de JÉSUS-CHRIST eut-il expiré, qu'il plut au ciel de donner des preuves de la gloire immortelle dont il jouissait.

I. *Prodiges en faveur de ses confrères.*

Ses confrères furent les premiers à jouir de ses faveurs. Le Père Cajone se trouvant dans une grande perplexité d'esprit et ne sachant comment s'en délivrer, recourut avec confiance à Gérard. Celui-ci ne tarda pas à le consoler : il lui apparut tout resplendissant des richesses de la gloire, et lui dit : « Soyez en paix, tout est fini. » Le Père récupéra à l'instant même le calme et la joie intérieure.

Le Frère Nicolas di Sapio se trouvait de même plongé dans une profonde affliction. Il s'en ouvrit au Père Cajone qui lui conseilla de recourir au Frère Gérard. Sa prière fut immédiatement exaucée.

On vint un jour conjurer le Père Pétrella de prier pour la conversion d'un pauvre pécheur de Caposèle. Le Père répondit : « Je vais donner l'obédience au Frère Gérard d'aller le trouver et de le faire rentrer en lui-même. » Le lendemain, cet homme accourut tout effrayé dans notre église, racontant que le Frère Gérard lui était apparu et lui avait fait de sévères remontrances. Après quoi il se confessa avec les signes du plus vif repentir.

Le Père Tannoya étant gravement malade et sur le point de rendre le dernier soupir, fit le vœu d'écrire, s'il guérissait, la vie du Frère Gérard. De sorte que c'est à un miracle du bienheureux que nous devons sa première biographie.

En 1846, notre bon frère guérit subitement le Père Balducci, atteint d'une pulmonie des plus graves.

Le Père Saggèse, mort, en 1852, archevêque de Chiéti, avait la plus tendre dévotion au saint frère, et il en fut grandement récompensé. Dans sa dernière maladie, il avait fait placer vis-à-vis de son lit une relique du bienheureux. Or, à plusieurs reprises, on en vit jaillir des rayons lumineux qui allaient se reposer sur le front du mourant. Le bon prélat, inondé de consolations et le sourire sur les lèvres, ne cessait de répéter : « Béni soit le Seigneur ! Béni soit le Seigneur ! »

En 1858, au couvent de Wittem (Hollande), un de nos jeunes étudiants en philosophie, souffrait de mouvements nerveux ininterrompus, qui ne lui laissaient aucune trêve ni le jour ni la nuit. Depuis six semaines, il ne prenait aucune nourriture. Le mal devait aboutir sans tarder à un dénouement fatal. Ses confrères firent pour le cher malade une neuvaine au Frère Gérard. Or, la neuvaine finissant, au moment même où il recevait la sainte communion, le jeune religieux se sentit guéri, se leva, et se rendit à l'église pour remercier son bienfaiteur ; et ce jour-là même, il sut faire une longue course à pied. « Sans cette faveur de notre bienheureux frère, écrivait-il trente-cinq ans plus tard, je serais actuellement, quant à l'âme, ou en purgatoire ou en paradis, quant au corps dans le caveau chéri de Wittem ; sort bienheureux ! sans doute, mais jamais je n'aurais célébré la sainte messe, jamais je n'aurais versé sur les pauvres pécheurs, mes bien-aimés en JÉSUS et en Marie, le sang de JÉSUS pour leur donner le pardon et le trésor de la grâce sanctifiante. »

En 1860, notre Frère Conrad Stuifmeel, du même couvent de Wittem, se voyait réduit à un état de prostration complète par suite de crachements de sang copieux et continus. Il fit alors une neuvaine au Frère Gérard. Or, le cinquième jour de la neuvaine, il vit en songe le grand serviteur de Dieu qui le combla d'ineffables consolations et lui rendit une parfaite santé ; de sorte qu'il put immédiatement reprendre ses pénibles travaux.

2. *Prodiges en faveur de ses amis.*

Dominique Camillo était lié d'amitié avec le Frère Gérard. En le quittant un jour, il s'écria : « Que ne vous ai-je toujours avec moi ! » — « Quand vous me désirerez, lui répondit Gérard, appelez-moi, et je viendrai. » Plusieurs années après la mort du bienheureux, Dominique se rendant à la foire avec une voiture chargée de marchandises, celle-ci s'enfonça tellement dans un bourbier, qu'il n'y eut plus moyen de l'en retirer. Camillo se rappelant alors la promesse qui lui avait été faite : « Frère Gérard, s'écrie-t-il, voici l'heure de tenir votre parole : si vous ne me tirez de ce mauvais pas, je n'ai plus d'espoir d'en sortir. » A peine eut-il ainsi parlé,que les mules tirèrent la voiture avec la plus étonnante facilité.

Dona Isabelle Salvadore, nièce de ce bon archiprêtre d'Olivéto, dont nous avons parlé, fit une cruelle maladie qui la mit à deux doigts de la tombe. Dans cette extrémité, elle s'appliqua du linge qui avait servi à la saignée du Frère Gérard, et à l'instant même elle fut guérie. Elle procura la même faveur à Cécile de Binso, son amie, qui souffrait de fièvres continuelles.

Joseph Santorelli, médecin comme son aïeul, était gravement atteint de la fièvre typhoïde, et sa mort paraissait si certaine que les parents avaient déjà préparé le cercueil et les cierges pour les funérailles. Son frère lui plaça sur la tête l'image du Frère Gérard, le grand ami de sa famille. Tout à coup, à la grande stupéfaction des assistants, le malade s'assied sur son lit, subitement guéri. Le saint frère venait de lui apparaître en lui disant : « Lève-toi sans aucune crainte. »

En juillet 1789, Dominique Bozzio de Caposèle, attaqué d'une fièvre maligne, se trouvait condamné par les médecins. Grande était l'affliction de sa famille, car il laissait femme et enfants. Son oncle, le chanoine Bozzio, le voyant dans ce triste état, lui dit que Gérard avait promis de prendre un soin particulier de sa maison, quand il serait au ciel. « S'il en est ainsi, répond le malade, rappelons-lui sa promesse. » Aussitôt toute la famille se mit à recourir avec confiance à la protection du serviteur de Dieu. Une nuit, Gérard se montra au malade et lui dit d'un air joyeux : « Nous avons pourvu à tout. » Le matin, Dominique se leva en parfaite santé.

Un gentilhomme, de la même famille Bozzio de Caposèle, tomba mortellement malade. Dans cet état désespéré, le docteur Santorelli lui donna une relique de Gérard, en lui disant de se recommander à ce saint religieux. A peine le malade l'eut-il reçue, qu'il s'endormit. A son réveil, il s'écria : « Je viens de voir le Frère Gérard, vêtu comme les missionnaires ; il m'a dit : Aime ton Dieu qui te rend la santé. Désormais, tu n'auras plus de fièvre. » De fait, le malade à la grande joie de toute sa famille, se leva immédiatement, comme s'il n'eût jamais été malade.

3. *Prodiges en faveur des prêtres et des âmes consacrées à Dieu.*

Un chanoine de Trévico, nommé Ignace Cozzo, souffrait depuis longtemps d'une hernie fort douloureuse. Un jour, il s'appliqua un morceau de vêtement du saint frère, en disant : « Mon cher Gérard, si cela peut contribuer à la gloire de Dieu et au bien de mon âme, daignez me guérir. » Immédiatement le mal disparut pour jamais.

En 1787, une religieuse bénédictine du couvent de Sciacca, en Sicile, avait au bras un mal incurable qui lui causait d'horribles souffrances. Ayant reçu une image du bienheureux, elle se recommanda à lui avec la plus vive confiance. Or, lorsque le chirurgien vint panser le bras malade, il le trouva radicalement guéri.

Laurent Giliberti, président du séminaire de Conza, souffrait d'atroces douleurs par suite de rétention d'urine. Les plus habiles médecins avaient été consultés en vain. « Je suis perdu, » disait le malade à un ami qui venait le visiter. « Nullement, répondit le visiteur, recommandez-vous au Frère Gérard, portez sur vous son image, et il vous guérira. » Le président, ayant suivi ce conseil, se vit à l'instant guéri, et le mal ne reparut plus.

En 1840, Raphaëlle Pitassi, éducande du monastère de Foggia, se trouva instantanément délivrée d'un mal d'yeux des plus graves, en s'appliquant une lettre du bienheureux.

En 1840, un jeune homme qui aspirait au sacerdoce, tomba gravement malade. Il avait de telles hémorragies, que le médecin renonça à tout espoir de guérison. Comme il avait une sœur au couvent de Ripacandida, les religieuses s'intéressèrent à lui. Elles voulurent lui envoyer une relique du Frère Gérard, dont la mémoire était restée en grande vénération dans le monastère. On conservait au couvent un ossement du bienheureux. Or, quand on voulut le rompre pour en obtenir une parcelle, cet ossement devint mou comme de la cire. A ce premier prodige s'en joignit un second. A peine eut-on récité neuf *Gloria Patri*, pour le malade, devant cette précieuse relique, qu'on entendit une foule de coups violents et successifs, semblables, raconte une religieuse, aux coups de pierres lancés par des enfants contre le grillage de la maison. Le serviteur de Dieu voulait, par ce signe, indiquer que la grâce était accordée. L'événement confirma ce présage ; car à cette heure-là même, le malade fut guéri, continua de jouir d'une excellente santé, et devint prêtre.

En 1842, Mgr Paschal de Sériis, pronotaire apostolique, souffrant depuis huit ans de coliques spasmodiques et de douleurs d'estomac intolérables, fut guéri subitement en invoquant le serviteur de Dieu, et jouit désormais d'une santé des plus florissantes.

Le 3 octobre 1842, le prêtre Raphaël Létitia perdit, dans la grande ville de Naples, un portefeuille qui renfermait des papiers de la plus haute importance. Il se hâta de faire toutes les démarches voulues, mais elles furent vaines. Le 4 au soir, il s'écria : « Frère Gérard, vous faites tant de grâces aux autres, faites-moi aussi la grâce de retrouver mon portefeuille. » Le lendemain matin, étant allé à la poste pour lever une lettre attendue de Rome, un employé lui dit : « Qui vous envoit

ici ? N'est-ce pas vous qui avez perdu un portefeuille ?
Si vous le voulez, réclamez-le à telle personne, qui vous
le remettra.» Inutile de dépeindre la joie du bon prêtre.

En 1846, l'archiprêtre de Palombara, Raphaël Spi-
nelli, atteint de phthisie pulmonaire, se voyait réduit
au dernier degré de consomption. Il avait grande dévotion à notre bienheureux. Un matin, en s'éveillant, il
demanda qui était entré dans sa chambre. «Personne,»
lui répondit-on. Le matin suivant, quelqu'un entra de
nouveau, et lui dit: «Je suis venu hier matin, et je vous
ai demandé ce que vous désiriez, mais vous ne m'avez
pas répondu. Or, dites-moi bien simplement ce que
vous désirez. — La santé de l'âme d'abord, répondit
l'archiprêtre, puis celle du corps.» Cela dit, il se retourna
du côté opposé pour voir qui lui parlait, et il vit un
personnage de haute taille, la tête découverte, lequel,
en se tournant pour partir, lui montra de la main un
chapelet. Le malade s'étant alors réveillé demanda si
l'économe qui l'aidait dans ses fonctions, était entré
dans sa chambre. On lui répondit que non. Or, le visiteur
nocturne n'était autre que le Frère Gérard, qui était
venu rendre la santé à l'archiprêtre.

En 1859, une faveur insigne fut accordée à M. Jac-
ques, alors directeur du collège de Waremme. «Un
matin d'hiver, raconte-t-il lui-même, une allumette
phosphorique enflammée, mise en contact, dans le frot-
tement, avec une blessure que j'avais à l'index droit,
amena en quelques instants un tel gonflement et une
telle douleur, que je m'attendais déjà à une terrible
opération. Je tombai à genoux: une simple invocation
au Frère Gérard amena une guérison instantanée et
complète, même de la plaie que j'avais auparavant ;
et je pus célébrer, quelques minutes après, le saint sacrifice de la messe. »

En 1874, la sœur Marie-Thérèse Bottigliéri, clarisse,
abandonnée des médecins et administrée des derniers sacrements, récupéra la santé en recourant au bienheureux.

En 1875, une clarisse de Corégliano, nommée Sœur
Maria Nazaréna Via, se voyant au bord du tombeau
par suite de continuels vomissements de sang, s'appliqua sur la poitrine une image du Frère Gérard, en lui
disant : « Si c'est la volonté de Dieu, daignez me gué-

rir parfaitement. » A peine eut-elle achevé ces mots, que le mal disparut.

Un prêtre du diocèse de Brooklyn, aux États-Unis, se trouvait comme perclus des mains, qui se refusaient à lui prêter leurs services. En 1881, après avoir lu la Vie du bienheureux, il se sentit inspiré de lui faire une neuvaine pour obtenir sa guérison. La neuvaine n'était pas terminée, qu'il était complètement exaucé. En reconnaissance il envoya 25 dolars pour les frais de la béatification.

4. *Prodiges en faveur des malades.*

En 1776, la dame Antoinette de Vallo se trouvait malade, et dans un état désespéré. Un prêtre de sa parenté plaça sous son oreiller une relique du saint religieux, en le priant de guérir la malade. Une nuit, Gérard apparaissant à cette dame, fit sur elle le signe de la croix : « Vous voilà guérie, » lui dit-il. Ne sachant à quel saint il fallait attribuer cette faveur, on fit passer sous les yeux de la miraculée plusieurs images. Dès qu'elle vit celle du Frère Gérard : « Voilà, s'écria-t-elle, celui qui m'a guérie. »

La noble dame Marie Giordano, de Corbara, ne cessait de se recommander au serviteur de Dieu. Un jour qu'elle priait dans notre église de Caposèle, Gérard lui apparut, et lui dit : « Préparez-vous à de grandes tribulations, mais ayez bon courage, Dieu vous assistera. » Cette prophétie ne tarda pas à se vérifier. Cette dame eut beaucoup à souffrir, mais Gérard lui apparut de nouveau pour la soutenir dans ses rudes épreuves.

Victorine Coccione tomba du haut d'un escalier, et se blessa tellement à une jambe, qu'elle ne pouvait se mouvoir dans son lit sans éprouver des spasmes. Une parente lui ayant envoyé une relique du bienheureux, Victorine l'appliqua sur le mal, et fut instantanément guérie.

En 1780, Léonarde Miocore fut tout à coup guérie d'un mal d'yeux qui la rendait presqu'aveugle. Peu après, voyant l'oculiste, elle lui dit toute joyeuse : «Vous n'avez pas pu me guérir, mais je viens de consulter un médecin qui a su le faire. — Vous plaisantez, » dit l'autre. — « Regardez, » dit-elle, en montrant ses yeux. Le médecin examine et constate une parfaite guérison. « Eh bien, voici mon médecin, » ajouta-t-elle en montrant l'image du Frère Gérard.

Au mois de juillet 1785, le Père Mansione assistait, dans ses derniers moments, le notaire Fungaroli, atteint de la fièvre putride. Tout à coup, entre Paschal de Silla, lequel voyant son ami à l'extrémité, lui place sur la poitrine une image du vénéré rédemptoriste, en disant : « Frère Gérard, j'ai appris les merveilles que vous opérez partout ; mais si vous ne guérissez pas mon ami, je ne vous tiendrai pas pour un saint. » Au même instant, en présence du Père Mansione, le malade se trouva radicalement guéri.

Un de nos frères citait un jour à la marquise de Granafé certains traits de la vie de Gérard, où brillait la grande simplicité de son obéissance. La marquise, peu habituée à entendre de tels faits qui se rencontrent parfois dans la vie des saints : « Oh ! cela me suffit, s'écria-t-elle, je vois bien que c'était un saint stupide. — Plaise à Dieu, Madame, répliqua le frère, que vous n'ayez pas à recourir un jour à celui que vous appelez stupide. » Deux mois ne s'étaient pas écoulés, que cette dame fut atteinte d'une maladie mortelle et condamnée par les médecins. Dans cette extrémité, elle se tourna vers le Frère Gérard, et lui dit : « Si vous êtes véritablement un saint, montrez-le, et je contribuerai à votre béatification. » A peine eut-elle fait cette promesse, qu'elle fut guérie.

En 1817, le notaire Gualdieri, de San Sévérino, fut assailli de coliques néphritiques effroyables. Malgré les remèdes les plus énergiques, les douleurs devenaient toujours plus intenses. Il s'appliqua alors une image du Frère Gérard en le priant de le guérir. Cette prière faite, il s'endormit, et vit en songe le bienheureux qui, par un signe de croix, lui rendit une santé parfaite.

En 1824, la dame Dorothée Perroti, de Capaccio, atteinte d'une maladie de foie et de poumons, allait rendre le dernier soupir. Déjà le prêtre faisait les recommandations de l'âme, lorsqu'entre notre Frère Raphaël Ricciardi. Ému de la profonde affliction de la famille, il l'engage à prier le Frère Gérard, et fait appliquer sur la moribonde une relique du bienheureux qu'il portait sur lui. Soudain Dorothée ouvre les yeux, demande à boire,et s'écrie: « Faveur ! faveur !» On l'interroge : « Je viens de voir,répond-elle,un religieux tenant en main un poumon et un foie entièrement pourris, et il m'a dit : «Voilà votre foie et votre poumon. — Qui êtes-vous ? — Je suis le Frère Gérard. Je vous ai enlevé le foie et le poumon gâtés ; je vous en remets un autre. Ayez donc bon courage ». Et à l'instant Dorothée se leva en parfait état de santé.

En 1830, le médecin Vitus Fédérici, de Pandola, avait dans le côté une tumeur tellement grave que les célébrités médicales, à bout de ressources, ordonnèrent les derniers sacrements. Le malade, prenant alors en main une image du Frère Gérard, le supplia de le guérir dans les huit jours. Le huitième jour, le malade, bien que se trouvant dans un état plus désespéré que jamais, fut pris d'un léger sommeil.Lorsqu'il se réveilla, la tumeur avait disparu, et la guérison était complète.

L'année 1837 fut néfaste pour le royaume de Naples. Le *choléra* y fit des victimes sans nombre. Que de guérisons ne fit pas alors notre thaumaturge ! Le biographe italien, après avoir cité une longue liste de miraculés, dit que le bienheureux fut le médecin céleste, et son image le remède le plus efficace contre le fléau.

Vers 1838, la dame Fungaroli, atteinte d'une fièvre de consomption, fut subitement guérie à la suite d'une apparition en songe du Frère Gérard.

En 1843, un barbier d'Avellino eut l'artère cérébrale coupée par la main d'un ennemi. Il allait rendre le dernier soupir, lorsqu'on appliqua sur la plaie l'image du Frère Gérard. La guérison fut instantanée. Aussi les médecins qui avaient déclaré la guérison impossible, crièrent au miracle.

En 1849, Thérèse Deheneffe reçut un coup de couteau dans le côté gauche ; pendant près de trois ans, la plaie ne fit que s'envenimer, de sorte que les médecins durent procéder à une opération très dangereuse, et deux jours après, ils déclarèrent le cas désespéré. Le confesseur conseilla alors à la malade de faire une neuvaine au Frère Gérard. Or, pendant que la neuvaine s'achevait, les linges et l'emplâtre tombèrent d'eux-mêmes, et les médecins trouvèrent la plaie guérie, sans la moindre trace de cicatrice, bien que la veille la blessure fût encore béante et affreuse à voir.

En 1856, Frédéric Thormayer, employé dans un établissement métallurgiste près d'Aix-la-Chapelle, eut un pied affreusement brûlé et disloqué par la chute d'une pièce de fer rouge. On le transporta à l'hôpital, où le chirurgien ne put remettre les os à leur place à cause de l'horrible brûlure. Pendant un mois, le malheureux ne fit que pousser des cris de douleur. Un jour, son frère, attaché à la maison des rédemptoristes d'Amsterdam en qualité de frère servant, lui conseilla, par lettre, de placer sur le pied malade une image du Frère Gérard. Frédéric se hâte de le faire. Ce soir-là même, il s'endort pour la première fois depuis son accident. Le lendemain à son réveil, il était parfaitement guéri, à la grande stupéfaction du chirurgien, qui venait pour lui faire l'amputation du pied.

Vers la même époque, Marie Van Rosiyen, de Werkhoven (Hollande), se trouvait atteinte d'hydropisie accompagnée de crachements de sang. Le médecin jugeant la ponction nécessaire, la jeune fille s'y refusa par amour de la sainte modestie. Après avoir reçu les derniers sacrements, elle commença une neuvaine à l'angélique Gérard, et fut guérie en si peu de jours que le médecin, bien que protestant, assura qu'une telle guérison n'était pas naturelle.

En 1858, Ursule Solito, atteinte d'un affreux cancer, se vit abandonnée des médecins, qui jugèrent nécessaire de lui faire administrer les derniers sacrements. On lui mit alors sur la tête une image du saint rédemptoriste, et l'on se mit à prier avec ferveur. Quelques moments après, Ursule s'agite, se plaint d'avoir reçu un violent coup au front, siège du mal, et d'éprouver une douleur très aiguë. Bientôt elle s'endort. A son réveil, elle se voit entourée des médecins, qui, stupéfaits, constatent la guérison parfaite : « Ce n'est pas vous qui m'avez guérie, leur dit-elle en riant, c'est le Frère Gérard. »

En 1865, André Cattaldi, d'Alatri, reçut, dans une

rixe, un coup de stylet à l'orifice de l'estomac. La blessure avait de neuf à dix centimètres de profondeur sur trois centimètres de largeur. On le coucha immédiatement sur un lit, et le chirurgien vint le panser. Quand tout fut fini, André mit sur la plaie la Vie du Frère Gérard. Le lendemain, l'homme de l'art étant revenu, trouva la blessure si bien fermée que, voyant sur le lit la Vie du bienheureux, il s'écria : « Voilà celui qui vous a guéri. »

En 1874, le saint frère guérit un étudiant en médecine, de Naples, malade de la diphtérie cancéreuse.

5. *Prodiges en faveur des enfants.*

Un fils de Christine de Rogatis était depuis plusieurs mois accablé d'une fièvre lente, accompagnée d'un flux de sang. Un matin, on le trouva mort dans son lit. Cette mère inconsolable recourut au Frère Gérard, et appliquant une des dents du serviteur de Dieu sur le corps du défunt, elle s'écria : « Frère Gérard, ne m'abandonnez pas dans mon malheur. Faites que mon fils revienne à la vie.» A l'instant même, l'enfant ressuscite, ouvre les yeux, et se lève plein de vie et de santé.

Un enfant de quatre à cinq ans, neveu des seigneurs Ilario, fut attaqué, en juillet 1781, d'une fièvre mortelle. Alarmés de son état, les gens de la maison invoquèrent le serviteur de Dieu. Une nuit, l'enfant s'écria tout joyeux : « Maman, maman, voilà le Frère Gérard ; voyez comme il est beau ! comme il est resplendissant ! Maman ! levez-vous, venez voir. » Et puis il ajouta : « Oh ! il est parti. » Le lendemain, l'enfant se leva parfaitement guéri.

Tannoya rapporte qu'une petite fille de Sénerchia était morte. Dans son extrême affliction, sa mère recourut avec confiance au bienheureux, en appliquant son image sur le cadavre de sa chère enfant. Aussitôt à la grande admiration de tous, la petite fille se mit à parler, à manger et à jouer, comme si elle n'eût jamais été malade.

En 1829, la petite Agathe Flavia, de Caposèle, âgée de deux ans, souffrait d'une toux convulsive tellement violente que les parents par pitié invoquaient pour elle la mort. On recourut enfin au Frère Majella. Tout à coup l'enfant s'écrie : « Je vois le Frère Gérard ! Je vois le Frère Gérard. » Elle était guérie. Sa mère, ivre de joie, lui montre diverses images. La petite met le doigt à l'instant même sur celle du bienheureux : « Voilà, dit-elle, celui qui m'a guérie. »

En 1830, Agnès Forlenza, de Caposèle, enfant de six ans, gravement malade, laissait si peu d'espoir de guérison, qu'on pensait déjà à ses funérailles. Or, au moment où elle allait expirer, on déposa sur elle une relique du Frère Gérard. Aussitôt la petite moribonde s'écria : « Je suis guérie, le Frère Gérard m'a guérie. » Le médecin avoua que c'était un miracle.

En 1831, Vincent Flavio, se trouvant éloigné de sa famille, apprit que sa fille Raphaëlle était sur le point de suffoquer par suite d'une angine coenneuse. Vincent, qui portait avec lui la *Vie du Frère Gérard*, en détacha l'image, et la prenant en main, il dit : « Frère Gérard, voici l'heure de montrer votre sainteté. » Et, après avoir examiné quelle heure il était, il prit en toute hâte le chemin de sa maison. Quand il arriva, son enfant était guérie. Elle l'avait été précisément à l'heure où Vincent avait prié le bienheureux. Ce miracle fut suivi d'un autre miracle beaucoup plus grand. Vincent obtint du Frère Gérard la grâce de déposer une haine mortelle qu'il nourrissait depuis longtemps.

En 1833, un jeune enfant, nommé Joseph Dorsi, de Calvanico, avait à la tête un dépôt d'humeurs regardé comme incurable par les médecins. Sa mère lui appliqua une image du bienheureux. Dix minutes après, l'enfant dit : « Je veux me lever, je suis guéri. — Mais comment ? demanda la mère étonnée et tout émue. — Le Frère Gérard est entré par cette fenêtre ; il s'est approché de mon lit, et plaçant sa main sur ma tête, il s'est écrié : Guérison ! guérison ! guérison ! et puis il a disparu. »

En 1853, guérison de Vincent d'Onofrio, de Naples. Cet enfant, âgé de huit ans, s'était affreusement brûlé le visage en mettant par mégarde le feu à un sachet de poudre.

En 1865, un médecin du Luxembourg belge avait un fils, âgé de quatre ans, qui ne savait ni marcher ni parler. Homme de foi, il venait de lire la Vie du Frère

Gérard. Ravi des merveilles qu'il avait lues et attristé de voir à côté de lui, assis à terre, son enfant perclus et muet, il s'écrie : « Frère Gérard, montrez votre pouvoir, et guérissez mon fils ici présent. » A l'instant même, le petit se lève et s'approche de son père, en disant : « Papa. » Dès lors, l'enfant sut parler et marcher comme les autres enfants de son âge.

En 1867, Laurent Riola, enfant de dix ans, se voyant condamné par les médecins les plus distingués de Naples, demanda sa guérison au Frère Gérard. Le jeune malade s'étant endormi, vit une échelle dorée qui, s'appuyant sur sa tête, s'élevait jusqu'au ciel, et sur cette échelle il vit descendre le Frère Gérard, tenant sur le bras gauche un crucifix. Le saint religieux toucha l'enfant, qui se leva à l'instant même en parfaite santé.

6. *Prodiges en faveur des mères.*

Nous ne pouvons terminer ce travail sans parler d'un privilège merveilleux que Dieu semble avoir départi à notre bienheureux, celui de protéger les mères et les enfants dans les dangers si fréquents qui précèdent, accompagnent et suivent la maternité. Il est des contrées où il n'est point de mère qui n'ait son image et n'invoque dévotement son nom.

Le don spécial que Dieu semble avoir donné à son grand serviteur pour ces sortes de cas, s'était manifesté d'ailleurs très fréquemment dans le cours de sa vie. Qu'il nous suffise de citer les faits suivants.

Une femme de Sénerchia allait périr. Dans l'état désespéré où se trouvait la malade, on recourut à Gérard, qui promit de prier pour elle. A peine l'eut-il fait, que les larmes de la famille se changèrent en joie.

Comme il sortait un jour d'une maison d'Olivéto, une jeune fille s'empressa de lui remettre un mouchoir qu'il avait laissé par mégarde sur une chaise. « Gardez-le, lui dit l'admirable et fidèle serviteur du Christ, il vous sera utile un jour. » En effet, cette fille s'étant mariée, fut sur le point de mourir dès son premier enfant. Dans cette extrémité, elle se fit apporter le mouchoir du pieux rédemptoriste, et à l'instant le péril et même les douleurs ordinaires s'évanouirent.

Mais c'est surtout depuis sa mort que le bienheureux se montre le protecteur de la maternité.

Un enfant, né avant terme à Olivéto, mourut aussitôt après son baptême. Dans leur affliction, les parents, Thomas Ronco et sa femme, implorèrent le secours de Gérard, en faisant l'application de ses reliques sur leur enfant. O prodige ! à l'instant même ce petit être se mit à respirer. Il était ressuscité.

En 1795, une jeune dame de Bénévent, de la famille Cocca, réduite à l'extrémité, recourut au Frère Gérard, et fit placer sur sa tête l'image du serviteur de Dieu. La nuit suivante, le frère lui apparut en habit de rédemptoriste. « Courage, lui dit-il, vous voilà guérie. » Le matin, les médecins, à leur grande stupéfaction, la trouvèrent en parfait état de santé.

Vu les bornes restreintes que nous nous sommes prescrites, contentons-nous de citer les délivrances miraculeuses suivantes, qui nous ont été conservées par les biographes du saint frère.

En 1761, Maria Visconti.

En 1762, une femme de Saint-Ange des Lombards.

En 1762, une femme de la Cava.

En 1762, la sœur du notaire de Rubertis, de Muro.

En 1762, une femme de Saint-Ange, de Cupolo.

En 1780, Victoire Multero, de Grossano.

»   »   Catherine de Viggiano, de Grossano.

En 1784, Thérèse Cozzarelli, de Caposèle.

En 1785, Vincente Palmiéri, de Téora.

En 1824, la belle-fille de Joseph Papio.

En 1831, Anne Ferrari, d'Eboli.

En 1831, Mariacarméla Sparano, de Calvanico.

En 1843, Marianne Fosselli, de San-Eusanio.

En 1845, Rosaria di Toro, de San-Eusanio.

En 1847, Anne Auriemma, de Somma.

En 1852, Raphaëlle Amadaro, de Naples.

En 1852, Ursule Massaro, d'Airola.

En 1859, la femme Louis Lambertini, de Finale.

Etc., etc., etc.

Dans tous ces cas, la patiente se trouvait abandonnée des hommes de l'art ; elle avait à souffrir des douleurs intolérables depuis deux, trois ou quatre jours ; elle était pleurée par les parents comme si elle eût été déjà morte ; souvent même la délivrance était reconnue comme *absolument* impossible. C'est alors, lorsque tout était humainement désespéré, qu'on recourait au bienheureux Gérard, ici, en appliquant sur la poitrine de la moribonde, soit une relique, soit une image, soit même la Vie du Serviteur de Dieu ; là, en faisant la promesse que l'enfant s'appellerait Gérard si c'était un garçon, ou Gérarde, Gérardine, si c'était une fille ; ailleurs, en récitant simplement trois *Gloria Patri*, pour remercier la très sainte Trinité des dons merveilleux qu'elle a faits à l'humble fils de Saint-Alphonse.

Un vieux praticien, habitant une de nos grandes cités belges, très expérimenté et très recherché pour ces sortes de circonstances, atteste avoir réussi maintes fois dans les cas les plus graves en invoquant le frère Gérard. Aussi avait-il pris l'habitude de ne jamais opérer sans avoir eu recours à ce céleste protecteur.

Que de pauvres mères le bienheureux n'a-t-il pas assistées dans des cas analogues! Que de petits enfants, exposés à mourir sans baptême, il a fait arriver jusqu'à la vie ! Tous ses biographes lui attribuent une prédilection marquée pour cette œuvre de bénédiction.

7. *Prodiges récents.*

Le 26 janvier 1892, avait lieu, dans notre église de Nocéra, l'exposition du Très-Saint-Sacrement, à l'effet d'obtenir la béatification du serviteur de Dieu. Une femme, qui avait à la tête une plaie horrible, extrêmement douloureuse et déclarée incurable, se rendit alors à l'église, et s'écria avec une foi vive : « Frère Gérard, si vous êtes un saint, guérissez-moi. » Elle fut aussitôt radicalement guérie. Deux médecins ont attesté par écrit cette prodigieuse guérison.

Le 26 juin 1856, l'autorité ecclésiastique voulant reconnaître et examiner les reliques du serviteur de Dieu, fit ouvrir pour la première fois son tombeau. Or, au fur et à mesure que la tête et les autres ossements étaient déposés dans un récipient, on les vit suinter une huile mystérieuse et parfumée en telle abondance que le bassin en fut rempli, et même déborda. On s'empressa de recueillir précieusement cette *Manna* merveilleuse, comme l'appellent les Italiens, avec quantité de mouchoirs et de nappes dont les malades ne tardèrent pas à ressentir la vertu.

Or, le 11 octobre 1892, ces précieux restes furent de nouveau retirés du sépulcre pour être examinés par l'autorité ecclésiastique en présence de deux médecins. On trouva, à la vérité, les ossements plus ou moins humides, mais comme on pouvait attribuer ce phénomène à l'humidité du sol, on n'y fit guère attention. On les essuya soigneusement, puis on les enferma dans un coffret tapissé de soie blanche. Quatre heures après, le coffret ayant été ouvert, on constata qu'une sorte d'huile blanche, d'une odeur suave, suintait de ces saintes reliques, et reposait comme des gouttes de rosée sur la garniture de soie.

Après un examen très rigoureux, les médecins dressèrent un procès-verbal de cet événement, lequel, d'après leur jugement, surpasse l'ordre naturel. « Inutile, s'écrie le narrateur, de dire combien ce prodige nous a causé de joie. C'est là, sans doute, un présage des faveurs que le saint frère veut répandre sur ceux qui l'honoreront. »

Enfin, le 29 janvier 1893, sous le généralat du Révérendissime Père Nicolas Mauron, eut lieu, le matin, la cérémonie de la béatification, aux cris mille fois répétés de : Vive Léon XIII.

Cette journée ne devait pas se passer sans que le thaumaturge eût fait encore une fois éclater sa puissance.

Selon l'usage, l'après-midi, le Saint-Père et les fidèles vont vénérer les reliques du nouveau bienheureux et prier devant son image. Or, à deux heures, la salle de la béatification était à moitié pleine; on allumait les trois mille cierges qui font de cette belle salle un vrai paradis de lumières. Un employé du Vatican, Auguste Scarpellini, monté sur une échelle longue de trente pieds, allumait les cierges entourant l'image du bienheureux.

Tout à coup, un cri s'échappe de toutes les poitrines ; un bruit de lustres qui se brise se fait entendre : le malheureux Scarpellini, dont l'échelle a dévié, perd l'équilibre, et tombe dans le vide, la tête la première.

Les bras se lèvent vers le bienheureux. On crie :

Santo, santo Gerardo ! Santo ! C'est un mouvement inoubliable, mais aussi inénarrable. Soudain, l'échelle frappe un lustre qui la fait dévier ; elle renverse tous les chandeliers de l'autel, et Scarpellini, au lieu de venir s'abîmer sur le pavé, est lancé dans une tribune. On le croit mort, on se précipite ; mais ô merveille ! il se relève sain et sauf. On crie au miracle, on remercie le bienheureux, la joie est sur tous les visages, elle déborde de tous les cœurs.

Terminons.

La renommée des nombreux prodiges opérés par le serviteur de Dieu a tellement excité la confiance des peuples, qu'elle surpasse toute croyance. Partout on l'invoque, partout on demande son image, partout on cite des traits de sa merveilleuse protection.

Tout ce que nous avons rapporté de cet admirable rédemptoriste, surnommé à si juste titre le thaumaturge du XVIIIe siècle, n'est qu'un court aperçu de sa vie, de ses vertus et de ses miracles. Plusieurs volumes suffiraient à peine pour relater tous les prodiges qu'il a opérés, et qu'il opère encore de nos jours. Nous pouvons donc terminer en lui appliquant ces paroles de saint Jean : « Il a opéré, en présence du peuple, une multitude d'autres prodiges qui ne sont pas consignés dans ce livre. » (Joan., XX, 30.)

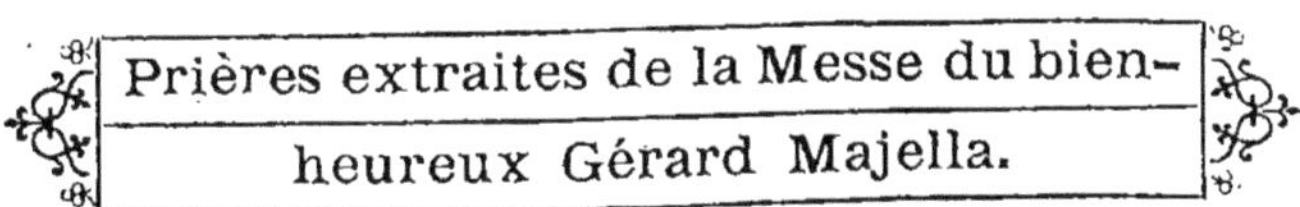

Prières extraites de la Messe du bienheureux Gérard Majella.

(XVI Octobre.)

Oraison. O Dieu, qui avez voulu, dès son jeune âge, attirer à votre amour le bienheureux Gérard, et en faire une copie vivante de votre Fils en croix ; faites, nous vous en prions, qu'en marchant sur ses traces, nous puissions aussi être transformés en ce divin modèle. Par Jésus-Christ Notre-Seigneur.

Secrète. Allumez, Seigneur, dans nos âmes ce feu de votre charité qui embrasait Gérard, votre serviteur, lorsqu'il assistait au saint sacrifice de la messe. Par Jésus-Christ Notre Seigneur.

POST-COMMUNION. Faites, Seigneur, que la sainte communion excite en nous un désir perpétuel de vous plaire, afin qu'à l'exemple du bienheureux Gérard, nous cherchions à faire continuellement votre sainte volonté. Par JÉSUS-CHRIST Notre Seigneur.

TABLE DES MATIÈRES.

PREMIÈRE PARTIE.

Vie du bienheureux Gérard dans le monde.

DEUXIÈME PARTIE.

Vie du Bienheureux Gérard en religion.

TROISIÈME PARTIE.

Vertus du Bienheureux Gérard.

QUATRIÈME PARTIE.

Dons surnaturels du Bienheureux Gérard.

CINQUIÈME PARTIE.

Mort du Bienheureux Gérard.

Imprimé par la Société de Saint-Augustin, Bruges.

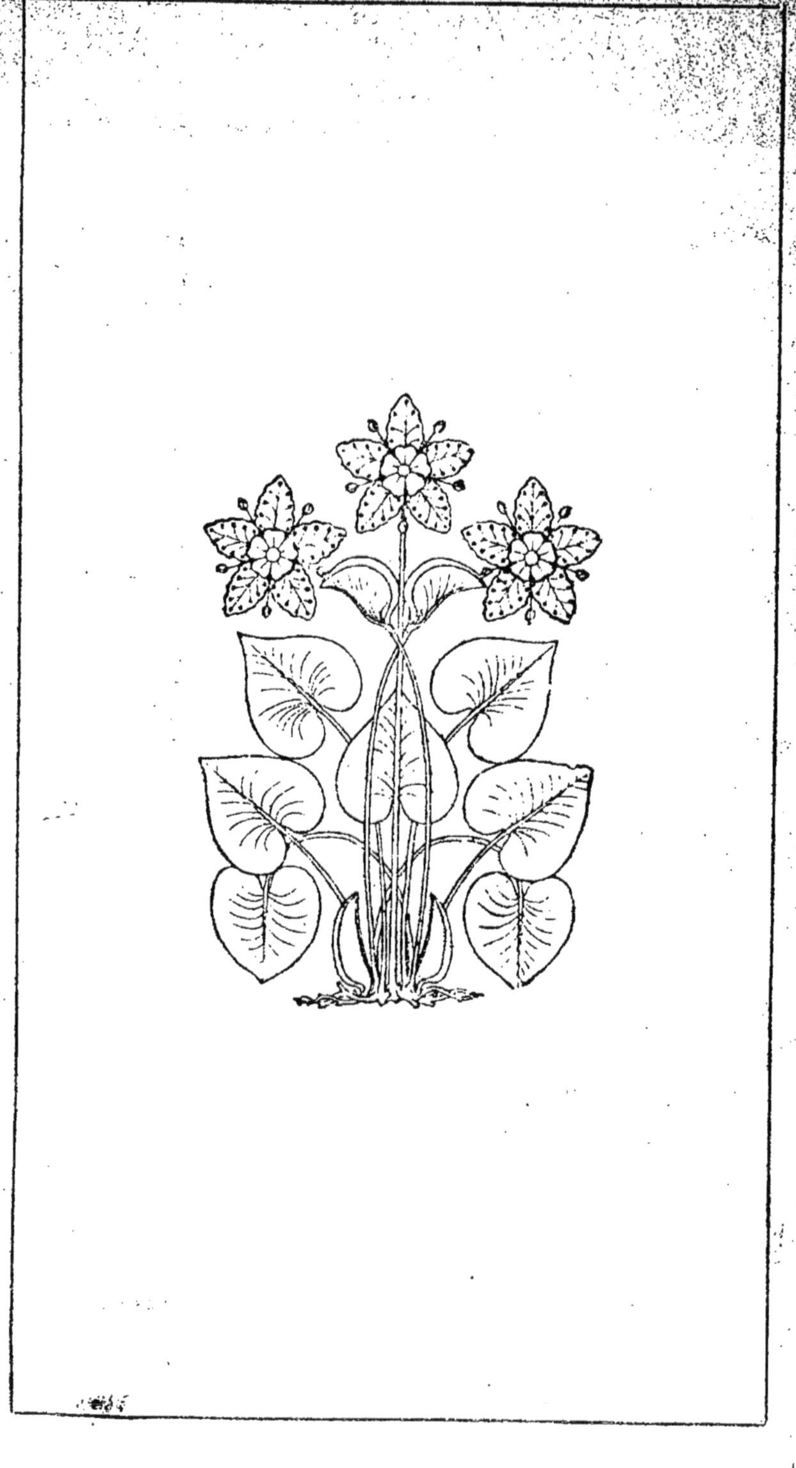

www.ingramcontent.com/pod-product-compliance
Ingram Content Group UK Ltd.
Pitfield, Milton Keynes, MK11 3LW, UK
UKHW021528080726
13613UKWH00008B/425